幻の麺料理

再現100品

魚柄仁之助
Uotsuka Jinnosuke

青弓社

幻の麺料理——再現１００品

目次

第4章　マカロニ類の興亡　110

装画――「北海道ウイークリー」一九四六年十二月号（創刊号）一面
装丁――神田昇和

まえがき——麺類の進化と淘汰

近代以前の日本の麺類は、小麦粉やそば粉に水を加えてこね、それを細く切って茹でたもので、うどん、そうめん、そばがおもなものでした。茹でた麺類は、塩味、醤油味、味噌味の汁に入れるか、タレにつけるかして食べていました。これが明治維新以前の日本の麺類だったのです。

明治維新以前にも中国から中華麺を使う料理が入ってきてはいましたが、長崎近辺の「ちゃんぽん」のように、一部地域で食べられるだけで拡散はしませんでした。

明治維新以降、欧米からはパスタ食文化が、中国からは多種類の中華麺料理が入ってきます。そこから、鶏がらや豚肉などの動物系出汁や油脂を使った汁で食べたり、麺を油脂で炒めて食べたりする新しい日本の麺料理が始まりました。

二十一世紀の現在に目を移すと、日本そばやかけうどんのような昆布・鰹節・煮干しなどの出汁味を基調にした麺料理も食べてはいるものの、ラーメンやパスタなども含む麺類全体からみれば、それらは少数派です。しかしラーメンやパスタ類が海外の麺料理をそのままかというと、そういうわけでもありません。

今日、日本で食べられているラーメンにしてもパスタ類にしても、海外から移入された麺料理が日本独自の進化を遂げて生み出された日本食になっているのです。

では、真っ赤なケチャップにまみれた「ナポリタン」と呼ばれるパスタや、鰹節と昆布の出汁をベースにした魚介系ラーメンなどは、どのような経緯で生まれたのでしょうか。インド生まれのカレーとうどんを合体させたカレーうどんは、いつごろからどのような進化を遂げてきたのでしょうか？　このような疑問を解き明かそうと、明治、大正、昭和の料理本から麺料理を取り出して調べてみました。

現存する料理本のレシピを整理したところ、どうやら大正から昭和初期にかけてが新日本麺類の萌芽期だったようだとわかりました。この時期に中国の麺料理や欧米の麺料理を大胆に取り入れて編み出された新日本麺料理こそが、今日の日本麺料理の基礎になっているのです。

近代日本食の爆発的進化と自然淘汰

近代の日本麺料理は、大正時代から急激に進化したと考えられます。その要因はいくつかありますが、とりわけ①情報伝達の進化、②物流と人の移動の活性化、③台所環境の進化をおもなものとして挙げることができるでしょう。

①情報伝達の進化では、新聞・書籍などの印刷物の増加やラジオなどの電波媒体によって、食べ物や料理に関する知識が広まっていきました。

②物流と人の移動の活性化は、いうまでもなく鉄道や船便などの発達のおかげです。これまで手に入れることができなかった食材や調理器具をたやすく入手できるようになり、外国の料理人を日本に招聘して教えを請うこともできるようになりました。

これらの条件が重なりあって、明治以前にはなかった欧米や中華料理の知識、技術、食材などが全国津々浦々まで普及するようになり、家庭で食べる食事の選択肢が広くなった＝バラエティーに富んだ食文化が広まったのが大正から昭和初期だったのです。

③台所環境の進化では、なんといっても熱源の進化が挙げられます。明治時代になっても市井の人々は江戸時代と同じような竈や囲炉裏と炭、薪などの燃料を使い、米、麦、芋類、野菜中心の食材を塩や味噌、醬油味で煮たり焼いたりした食事を取り続けていました。そこに石油コンロ、ガスコンロ、電気コンロなどの熱源と、フライパン、天火（オーブン）などの調理器具が家庭の台所に入ってくるのが明治の末期です。もちろんそれは富裕層に限られてはいましたが……。

江戸から明治に時代が移っても、庶民の家庭生活、台所レベルの生活にあまり変化はなかったのです。学校の教科書に「明治になると日本人も牛肉などの肉食が盛んになった」という記述がありました。ですが、それはごくごく一部の人たちのことでしょうし、ガスコンロがある台所なんて、ほとんどの日本人にとっては無縁のものだったというのが事実でしょう。

参考までに、日本最大の都市だった東京でさえ、都市ガスの契約者数が増えるのは一九二三年（大正十二年）の関東大震災後のことです。大正から昭和になり、台所にガスコンロが普及しはじめたことも、麺料理の近代化＝多様性に拍車をかける要因になったと考えられます。

日本の麺類の進化を加速させたのは婦人雑誌の料理欄と付録料理本だった

明治の終わりから大正期にかけて婦人・主婦向けの生活雑誌が創刊され、それまでの家庭料理にはなかった西洋や中国の料理のレシピを、イラストと平易な口語体の文章で掲載するようになります。以降、近代日本食は爆発的な進化を始めるのでした。

料理本自体は江戸時代以前にもたくさんありましたが、その内容は高貴な人々、富裕層がどのような料理を好んでいたのかを書き記したものがほとんどで、市井の人々の朝昼晩の食事とはほぼ無関係でした。

明治の終わりごろから出版された婦人・主婦向けの雑誌や料理本も主要な読者対象は都会に住む富裕層のご婦人でしたが、それ以前の料理本が男社会の男の料理人に向けた専門的な内容のものだったのに対して、生活雑誌の料理欄や付録の料理本は、婦人・主婦向けに書かれたものでした。料理を食べるのは家族であるということを前提にした、家庭料理のためのテキストだったのです。ここが明治以前の料理本と大正以降の料理本の違いといえるでしょう。

麺類の進化

このような日本食の近代化の流れのなかで、日本の麺類も西洋と中国の食材・調理法を取り入れ、新日本麺料理ともいえるようなものを誕生させていったのが大正から昭和初期でした。麺の種類もそれまでのそば・うどん・そうめんのようなものばかりでなく、マカロニや、かん水を使った中華麺が加わり、麺を油で揚げたり、ケチャップやホワイトソースのような新しい調味料も加わってきます。われわれの先輩はこれらの食材、調理法、調味料をかなり自由に組み合わせて、新しい日本麺料理を作って食べていたのでした。

パスタの本場イタリアではありえなかった麺と味付けの組み合わせとか、それまでの和食ではなかったようなうどんやそばの調理方法とかも、どんどん紹介されていたのが昭和初期の婦人・主婦向け雑誌の料理欄だったのです。いわば無国籍料理的クロスオーバー麺料理が月刊雑誌で紹介されるのですから、アタリもあればハズレもありました。

アタリだった料理の代表的なものとして挙げられるカレーうどんは明らかに麺類の進化の証しと呼べるでしょうが、その陰には、料理本で紹介されたものの一度限りで跡形もなく消えていった幻の麺料理もありました。これが麺類の淘汰にあたります。

いまわれわれ日本人が食べている麺料理がどのような進化を遂げてきたのか？　そしてその進化の陰で淘汰されていった幻の麺料理とはどんなものだったのか？　どーして淘汰されなければならなかったのか？　本書では、大正から昭和にかけて出版された婦人・主婦雑誌の付録料理本を中心としたレシピのなかから選抜した麺料理を資料にして実際に調理・試食して、近代麺料理の進化と淘汰を鑑識してみました。

資料として取り上げたのは、中国やイタリアの本場麺料理を忠実に再現するような料理本ではなく、海外の麺料理を日本の食習慣になじむようにアレンジする調理法を書いたものです。

外国から入ってきた麺料理の調理法を日本の麺料理に取り入れたもの、また、在来の調理法を外国の麺料理に適合させたもの――例えば、外国から入ってきたパスタ料理でよく使われるトマトソースを在来のうどん料理に適合させた料理。冷やした麺をつゆにつけて食べるざるそばや冷や麦の手法を取り入れたパスタ料理……など、大正から昭和にかけて、家庭料理の本ではこのような変わった麺料理がたくさん紹介されていました。

その当時、これらの料理は「斬新」「奇をてらっている」と言われましたが、二十一世紀に入るころには日本の麺料理として定着したものもあります。まさに日本食といっても違和感がないくらい、人々に認識されている。そんな日本の麺料理の歴史を証言するようなレシピを、昔の料理本から百品以上を選び出してみました。幻の麺料理がどのようなものだったのかを体感してもらうために、料理本のレシピや写真、イラストも可能なかぎり所収しています。ただ、およそ五十年から百年前の料理本ですから、写真の画質はよくないし、レシピの文章もわかりにくかったため、現代風に書き換えたものもあります。気になる麺料理がありましたら、ぜひ試作・試食してみてくださいまし。

第1章　うどんの麺と西洋料理法の合体

日本の麺類の近代化は、中華料理や西洋料理が日本に入ってきたことで始まりました。しかし、悲しいかな、鎖国をしていた日本ですから、明治になって入ってきた西洋のパスタ麺、中国のかん水入りの中華麺などとは、まさに「未知との遭遇」でした。だから、それらの麺の作り方を知っている人などもいなかったはずです。諸外国の麺料理について書いてある文献で麺料理に関する知識を得ることはできても、麺を国内で製造できる人が少ないため、いずれも入手は困難でした。デュラム小麦粉を使ったスパゲティやマカロニの麺、かん水入りの中華麺のような腰が強い麺を打つことができる人も少なかったし、製麺業者の数もいたって少なかったのです（第3章を参照）。

肝心要の麺が手に入らない状況でしたが、当時の日本人たちはうどん麺を使ってマカロニ、スパゲティ、中華麺料理を作っていたのでした。調理方法や味付け、盛り付け方は洋風や中華風をまねしてはいるものの、使う麺はすべてうどん麺――これこそが、近代日本麺料理、初めの一歩だったのです。

油（油脂）で揚げた中華麺料理を作っても、麺はうどん麺。

イタリア風のマカロニやスパゲティを作っても、麺はやっぱりうどん麺。

のちに「冷やし中華」として確立される冷麺の数々も、

麺はそうめんやうどん麺でした。

小麦粉と水をこねて作ったやわらか～なうどん麺を使って、海外の麺料理を再現していたのですから、本場の人から見たら全くの別物で「ナニ？コレ」だったことでしょう。


この時代の料理本で紹介されている新日本麺料理はだいたいこの二つのパターンに分けられます。

・日本麺（うどんやそうめん）を洋食や中華料理の調味料、調味法で料理した麺料理
・西洋麺（パスタ類）や中華麺を日本の調味料や調理法で料理した麺料理

日本人はうどん麺にどのような調味料や調味法を加えたのか、またその反対にパスタのような西洋麺に日本的調味料と調理法をどう適合させたのか？　そしてそれらはどんな味だったのだろうか？　古い料理本のレシピを再現することで検証してみましょう。

1　うどん麺のナポリタン　戦前＆戦後

スパゲティをトマトケチャップで和えた（炒めた）料理のことをナポリタンと呼びますが、これはどうやら日本だけのようです。

その発祥については、戦後の進駐軍が利用していたレストランから始まったとか、どこそこの店が元祖であるとか諸説ありますが、料理本で調べてみると、一九三七年（昭和十二年）の料理本にはすでに「マカロニ・ナポリタン」という表記がありました。

ちなみにそのころは、スパゲティのこともマカロニと呼んでいましたし、調理法もトマトやトマトピューレ、ケチャップを使ったものでしたから、戦後にはやったナポリタンとほぼ同じものです。

ナポリタンの発祥はいつ・どこ――という問題はテレビのクイズ番組にお任せして、ここでは欧州から伝わってきたパスタ料理を日本独自のナポリタンに育て上げるまでの歴史を、料理本を見ながらたどっていきたいと思います。

まず最初に、戦前のうどん麺ナポリタンのレシピを二つ紹介します。

うどん麺のナポリタン

料理名：スパゲテナポリタン
出典：「婦人之友」一九三七年十二月号、婦人之友社

図1-1
（出典：「婦人之友」1937年12月号、婦人之友社）

料理名は「スパゲテナポリタン」となっていましたが、ここで使われている麺はスパゲティではなく、「うどんを用いて……」とレシピにはっきり書いてありました。写真の麺は、まるでスパゲティのように見えますから、太い茹で麺ではなく、細い乾麺うどんを使ったものでしょう。ちなみにソースは、豚肉、トマト、ニンニク、ラード、ケチャップ、サラダ油、ローレル、塩、コショウとなっていましたから、味のほうはのちのナポリタンの原形といえます。

このナポリタンは、茹でたうどん麺の上にラードで炒めたトマトベースのソースをベチャッとかけただけのものですから、歯ごたえがないやわらかで淡泊な味の茹でうどんにトマト餡がかかったもの——といった感じでした。

スパゲテナポリタンの皿の奥に見える一回り小さな洋皿に、フォークではなくスプーンが載せられているのが不可解です。スプーンとフォークならスパゲティを取り分けるためのものと理解できるのですが、スプーンだけでは取り分けるにしても、食べるにしても使いづらいと思うのですが……。

ケチャップ炒めうどん

料理名：炒めうどん

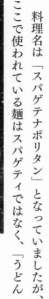

出典：「主婦之友」一九三八年十月号付録「和洋一菜料理の作方三百種」、主婦之友社

こちらの料理名はスパゲティではなく、はっきりと「炒めうどん」になっていましたが、麺全体をケチャップで和えていますから、見た目は戦後にはやったナポリタンそのものでしょう。

作り方をみてみますと、茹でたうどんを油で炒め、塩、ケチャップ、ウスターソースで味付けしています。そして仕上げに干し貝柱（ホタテの干物）をほぐして油で揚げたものを振りかけます。麺の左に二切れあるのはチーズ、皿の奥に見えるのは千切りキャベツの三杯酢和えだそうですから、ザワークラウトがわりに添えたのでしょう。

料理名が「炒めうどん」になっていることから、これがのちのソース焼きうどんのもとになったとも考えられますね。この料理でも味付けには、ケチャップとウスターソースを使用しています。ケチャップを多くすれば「うどんナポリタン」で、ウスターソースを多くすれば「ソース焼きうどん」になったのでしょう。

この二枚の写真は、どちらもうどんの麺を使ったスパ

図1-2
（出典：「主婦之友」1938年10月号付録「和洋一菜料理の作方三百種」、主婦之友社）

ゲティですが、盛り付けている皿はボーンチャイナと呼ばれていた日本製の洋皿です。一九三八年（昭和十三年）の炒めうどんは、当時としては珍しいカラー写真を使っていて、憧れの洋食を演出しています。うどんの麺でスパゲティを作っているようには見えないところがみそなのです。

次に、戦後のうどん麺ナポリタンをみてみます。

戦後の婦人雑誌の料理欄にもスパゲティは登場しますが、食糧難だったころは、戦前同様にうどん麺で代用するスパゲティ料理が目立っていました。

うどんのナポリテーヌ

料理名：うどんのナポリテーヌ
出典：「主婦と生活」一九五一年十二月号付録「お料理大全集」、主婦と生活社

◆作り方◆

・薄切りの玉ネギ、みじん切りトマトをバター大さじ一杯で炒め、湯を差して崩れるまで煮る。
・別鍋で薄切りハムと茹でたうどん麺をバター茶さじ二杯で炒め、煮崩れたソースとおろしチーズを加える。
・最後に塩、コショウで味を付け、パセリを振りかける。

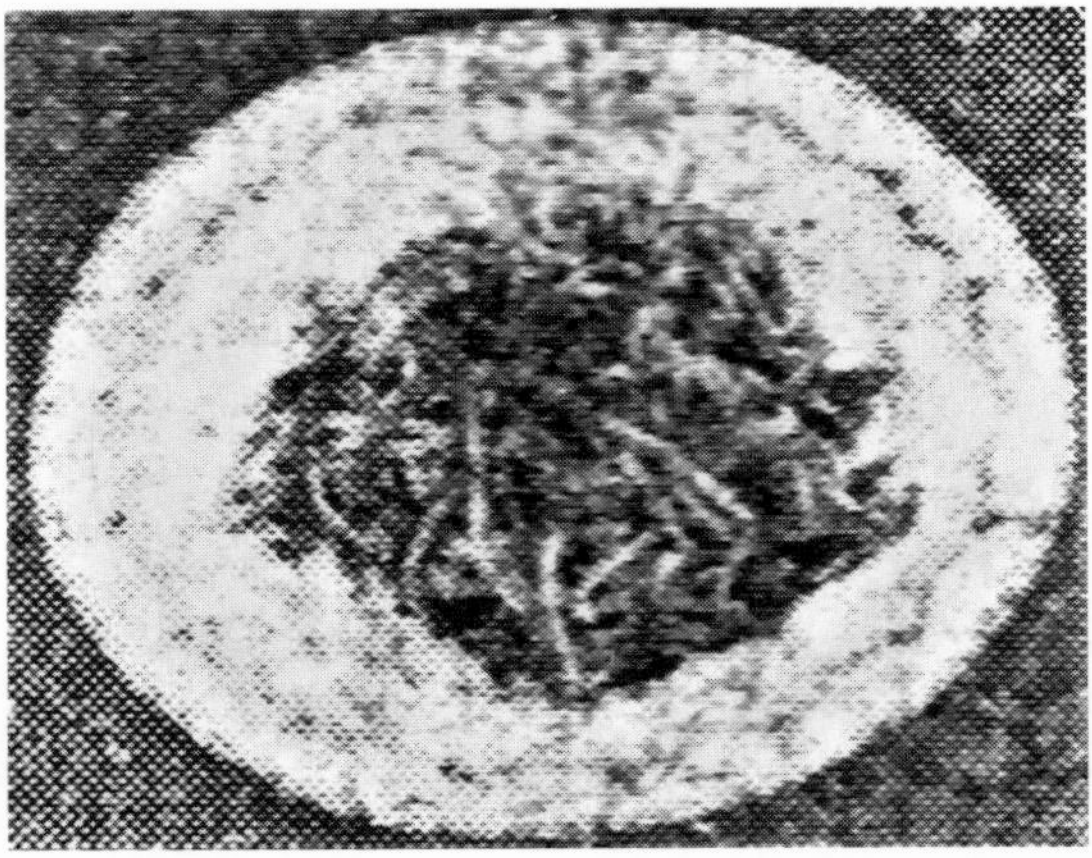

図1-3
（出典：「主婦と生活」1951年12月号付録「お料理大全集」、主婦と生活社）

べつになんということもないレシピですが、戦後復興時に手に入れられる食材だけでどうしたら家庭で洋食を作れるか苦心した跡が「バター大さじ一杯、バター茶さじ二杯、おろしチーズ」などにみられます。これは実際

に再現してわかったことですが、
・トマトソース作りにバター大さじ一杯
・うどんを炒めるのにバター茶さじ二杯
　これはちょっと多すぎる感じがします。しかし、このくらいのバターの分量がうどんを洋食に化けさせるコツだったんですね。そしてとどめが、おろしチーズでした。麺の歯ごたえはスパゲティほどではありませんが、味や香りは洋食っぽくなっていました。

　ちなみに、このレシピを書いた北川敬三の経歴を紹介します。

　若くして築地精養軒調理部に入り、その後欧米で料理修業をし、築地精養軒司厨長→東京ステーションホテル司厨長→学士会館精養軒司厨長→海軍経理学校……などのキャリアを積みました。戦後も有名店で活躍するかたわら、大学で教鞭をとったり、料理本の執筆で活躍したりしました。

　西洋麺の代用として日本の麺＝うどんを使いながらも、欧米の調理法を取り入れていたのがうどんナポリタンでした。

　写真を見ると、うどんで代用していることをなんとか隠そうとしているようにも思えるのは、後ろめたさがあったからかもしれません。

　やがて日本のスパゲティ・マカロニ文化は、西洋のまねから脱皮し、日本らしさを押し出すようになっていきます。ついには「和風スパゲティ」の発明につながるのですが（第3章を参照）、それはだいたい一九六〇年代まで待たなければなりません。

図1-4
（出典：「主婦之友」1932年7月号付録「お惣菜向きの洋食の作り方三百種」、主婦之友社）

ここまでは一応「ナポリタン」と表記されていた料理を載せましたが、「トマトうどん」とか「うどんのトマト煮」という表記で紹介されていたものも、参考までに載せておきます。作り方を読むとこれまでのナポリタンとほぼ同じようなものでした。

うどんのトマト煮

料理名：うどんのトマト煮
出典：「主婦之友」一九三二年七月号付録「お惣菜向きの洋食の作り方三百種」、主婦之友社

「マカロニなら結構ですが、うどんでも美味《おい》しく頂けます」というただし書きが時代を表しています。

干しうどんのトマト煮

料理名：干しうどんのトマト煮
出典：「主婦之友」一九三七年七月号付録「夏の和洋料理千種の作方」、主婦之友社

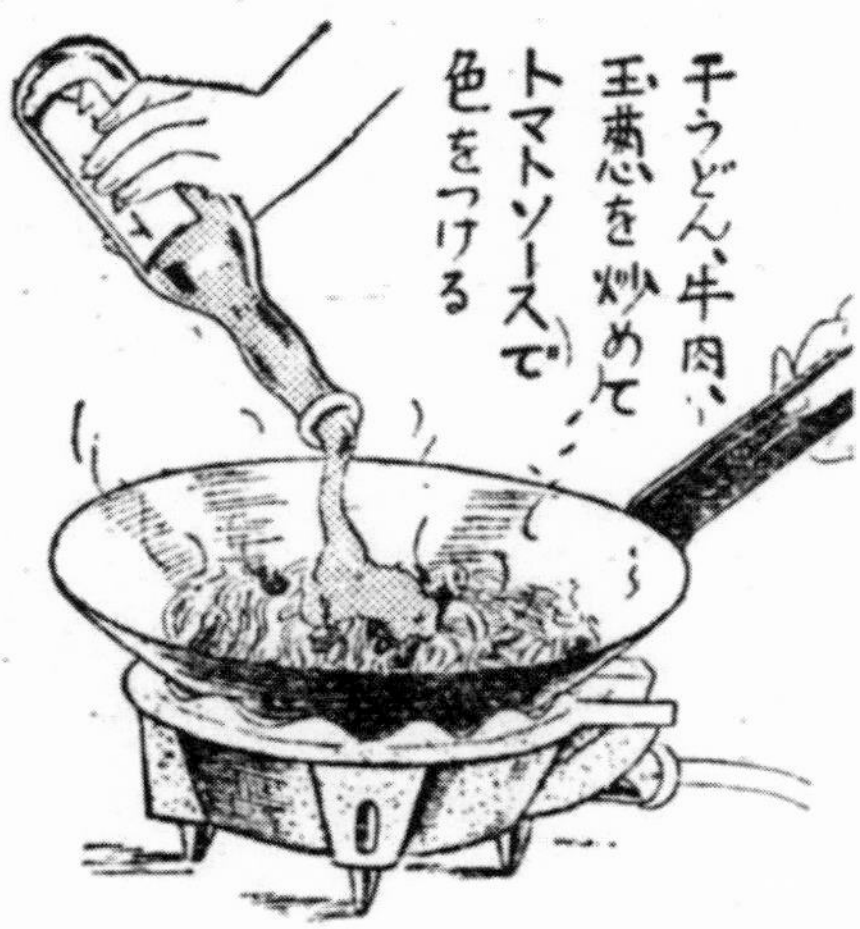

図1-5
（出典：「主婦之友」1937年7月号付録「夏の和洋料理千種の作方」、主婦之友社）

2　ホワイトソース系のうどん料理

うどんの白ソースかけ（戦後）

料理名：うどんの白ソースかけ
出典：「家の光」一九五一年十二月号、家の光協会

このイラストを見ますと、洋皿に盛り付けた麺に白ソース（ホワイトソース）をかけていますから、いかにも

洋食＝スパゲティという感じですが、これもうどん麺でした。

◆作り方◆

・麺はうどん玉（茹で麺）を油で炒めて塩、コショウする。
・ホワイトソースは、輪切りのニンジンと細切りの油揚げと白菜を油で炒め、出汁か水を加えて煮る。
・から炒りした小麦粉を冷まし、先の煮物を少しずつ入れて溶きのばす。
・これに塩、砂糖で味を付けホワイトソースにする。
・茹で卵を白身と黄身に分けて、ほぐしたり刻んだものをかける。

◆検証◆

ニンジンと油揚げと白菜の炒め煮に、小麦粉でとろみを付けたものをホワイトソースと呼んでいましたが、これは田舎風の野菜葛煮に近いものでした。

うどん麺は油（五人前で七、八cc）で炒めているのでいくぶんコクがありますが、ホワイトソースは小麦粉だけで油脂は使っていませんから、コクがないしテカテカした艶はありません。白色というよりやや鼠色がかったホワイトソースでした。食べてみましても、うどんはうどん、パスタのようなアルデンテ……といった嚙みごたえはありません。

図1-6
（出典：「家の光」1951年12月号、家の光協会）

ここでは浅い洋皿にうどんを盛り、とろみが付いた白っぽいソースをかけていましたから、「うどんの白ソースかけ」という料理名になっていましたが、これを洋皿でなく丼に盛り付ければ、「野菜餡かけうどん」という名前になったでしょう。

うどんのミルク煮（ホワイトソース煮）

料理名：うどんのミルク煮
出典：「婦人倶楽部」一九五三年十二月号、大日本雄弁会講談社

◆**作り方**◆
・細切りにしたちくわとみじん切り玉ネギをバターで炒める。
・そこに牛乳百八十ccと熱湯九十ccを加える。
・煮立ったら、うどん玉一つを入れ塩、コショウで味付けをする。

◆**検証**◆
とても珍しいうどん料理でした。なにせ、うどん料理に付き物の「出汁」が全く使われていない。昆布や煮干しの出汁も入れなければ、鶏がらなどのスープも使っていない。出汁＝うまみになるものといえば、バターで炒めた玉ネギとちくわくらいでしょう。そこに牛乳を加えますから、牛乳のうまみが加わってホワイトシチューっ

図1-7
（出典：「婦人倶楽部」1953年12月号、大日本雄弁会講談社）

ぽい味が期待できたのですが、ホワイトシチューっぽくするなら、小麦粉も加えてとろみを付ける必要があります。しかしここでは使っていませんから、サラサラしたスープでした。

うどんのエッグソース和え

料理名：うどんのエッグソース和え
出典：「主婦之友」一九三九年四月号付録「お惣菜向きの洋食と支那料理三百種」、主婦之友社

◆作り方◆

・茹でうどんを一・五センチに切り、みじん切り玉ネギとバターで炒め、塩、コショウする。
・硬めに作った白（ホワイト）ソースとみじん切り茹で卵を混ぜ、先のうどんを和える。
・みじん切りのパセリを散らす。

◆検証◆

白（ホワイト）ソースの作り方は書いてありませんでしたが、当然牛乳は使われているのでしょう。

茹でうどんを一・五センチに切るということは、たぶ

図1-8
（出典：「主婦之友」1939年4月号付録「お惣菜向きの洋食と支那料理三百種」、主婦之友社）

んマカロニの代用だったとみるのが妥当でしょう。ホワイトソースのできばえや茹でうどんの腰の強さなどで違いはあるのでしょうが、基本的にはマカロニグラタンもどきといえます。マカロニグラタンに慣れている者からみると、これは病人食のようでした。やわらかくて、とっても消化がよさそうです。

ただ一つ気が利いていたのは、いかにも洋食ですッと言わんばかりの深めの洋皿を用いていたことではないでしょうか。

マカロニ風うどんのホワイトソース煮

料理名：マカロニ風うどんのホワイトソース煮
出典：「婦人倶楽部」一九四八年五月号、大日本雄弁会講談社

◆作り方◆

・麺作り――小麦粉を熱湯でよくこね、少し太めに切って茹でる。
・茹で汁は残しておき、麺を水洗いする。
・細切れの肉、薄切りのネギを油で炒め、うどんの茹で汁を加えて白ソースを作る。
・ここにうどんを入れ、塩、コショウで味を付ける。

◆検証◆

この料理をホワイトソース煮といっていいのでしょうか。

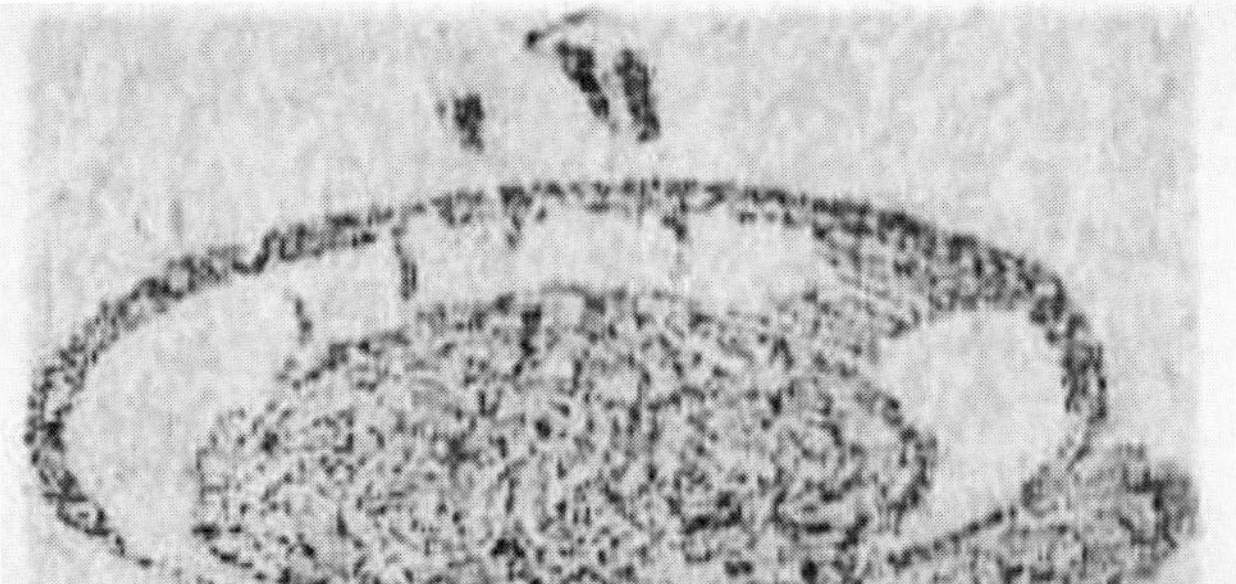

図1-9
（出典：「婦人倶楽部」1948年5月号、大日本雄弁会講談社）

麺は手作りです。まるで餃子の皮を作るみたいに小麦粉を熱湯でこねますと、もちーっとした小麦粉団子になります。これを小さくちぎってのばしたら、まんま餃子の皮でしょう。このような団子を薄くのばし、太めのうどん状に切ります。普通のうどんの麺のように、こねまくったり足で踏んだりしていませんから、茹で始めると小麦粉が少し溶け出してきて、茹で汁が白濁してきます。この白濁した茹で汁に、油で炒めた肉とネギを加えたものが、なんと！ホワイトソースだったんですね。

料理名の「マカロニ風うどんのホワイトソース煮」の意味がよーくわかりましたが、より正確さを追求するなら「マカロニ風うどんのホワイトソース風煮」とすべきでしょうね。

3　ガラパゴス化する日本スパゲティ

うどんスパゲティからの脱皮

戦後、食糧事情がだんだんよくなって、マカロニやスパゲティの国内生産が再開されるにつれ、うどん麺で代用するレシピもだんだん減ってきました。

図1-10
（出典：「主婦と生活」1955年12月号付録「冬の家庭料理五百種」、主婦と生活社）

やがて、うどん麺ではないスパゲティを使うことが当たり前になってきますと、今度はスパゲティを日本の食文化、日本人の好みの食べ方に合わせて料理し、イタリアにはないような独自のスパゲティ料理＝日本スパゲティを作るようになっていきました。

料理本も昭和の初期（戦前）には本場のスパゲティの模倣に明け暮れていましたが、戦後十年もたちますと、本場イタリアではみられないような日本独自のスパゲティが目立ち始めます。「主婦と生活」一九五五年十二月号付録「冬の家庭料理五百種」から、ガラパゴス化したスパゲティを二点取り出してみました。

洋風寄せ集め、スパゲティの牛乳煮

料理名：スパゲティの牛乳煮
出典：「主婦と生活」一九五五年十二月号付録「冬の家庭料理五百種」、主婦と生活社

洋風を寄せ集めたような「スパゲティの牛乳煮」という料理名が付けられていましたが、器が中華風というところがなんとも無国籍な料理です。

◆作り方◆

・二つ折りにしたスパゲティの麺を塩茹でしておく。
・ハムと茹でた鶏肉を千切りにしておく。
・小エビスープ（内容不明）に鶏肉、ハムを加えて煮立て、塩、酒、味の素で味を付け、片栗粉でとろみを付けたスープに茹でたスパゲティを入れる。

レシピには牛乳が出てきません。たぶん小エビスープと一緒に牛乳を入れるのだろうと推測して再現してみました。

◆検証◆

写真を見てもレシピを読んでも、この料理は中華料理でしょう。レシピ冒頭のリードにはこう書いてありました。

スパゲッティを牛乳で仕立てた中華麺類には珍しく洋風を加味したものです。

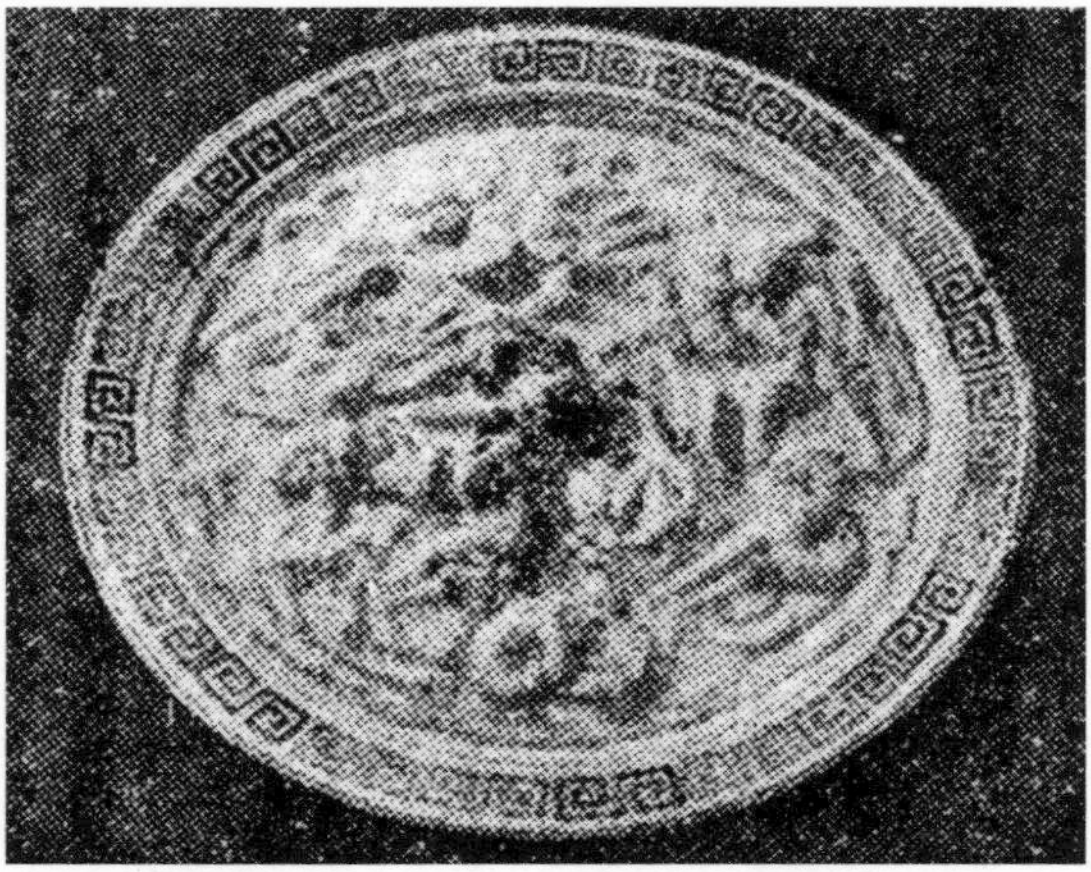

図1-11
（出典：同付録）

ということは、やはりスパゲティの麺を使った中華麺類料理ということです。

作って食べてみましたが、スパゲティの麺にはスープの味が染み込まないので「味気ない麺」でした。かん水入りの中華麺だったら、麺にスープの味も染み込んでおいしくできると思われるのに、わざわざスパゲティの麺を使う理由がよくわからない。

ただ、感心したことは「二つ折りにしたスパゲティの麺」を使うというところです。スパゲティの麺は通常三十センチくらいありますから、牛乳煮は、長い麺についたスープがはねて箸では食べにくいですが、半分に折った麺だととても食べやすかったのです！　これはパスタというよりは、箸で食べるチャイニーズ・ヌードルと言ったほうがいいような麺料理でした。

スパゲティの卵寄せ

料理名：スパゲティの卵寄せ
出典：「主婦と生活」一九五五年十二月号付録「冬の家庭料理五百種」、主婦と生活社

図1-12
（出典：「主婦と生活」1955年12月号付録「冬の家庭料理五百種」、主婦と生活社）

◆作り方◆

・茹でたスパゲティの麺と薄切り玉ネギをマーガリンで炒める。
・細切れ牛肉を一時間ほど茹でて、スープを取る。
・冷ましたスープ、卵、塩、味の素、コショウを混ぜて

卵汁を作る。
・蒸し茶碗に茹でたスパゲティと卵汁を入れ、缶詰の鮭を載せて蒸す。

◆検証◆
イタリアン小田巻サーモン味と言ったところでしょうか。

細切れ牛肉でもじっくり煮込めばいいスープ（出汁）が取れます。この出汁に鮭缶、味の素、マーガリン、溶き卵が加わった洋風茶碗蒸しのようなものに、スパゲティが入っているんですから、うまみの殿堂に入ったような料理です。コクがあるというよりはありすぎてちょいとクドイ味の麺料理でした。

「主婦と生活」一九五六年二月号には「目玉マカロニ」というレシピが紹介されていましたので、次に紹介します。これも日本的な料理だと思います。

目玉焼き載せマカロニ
料理名：目玉マカロニ
出典：「主婦と生活」一九五六年二月号、主婦と生活社

ズバリ、名前のとおり目玉焼きが乗っかったマカロニです。使う麺は、中心に穴が開いたマカロニ（管麺）の長いものを茹でてから五センチに切ったものです。

図1-13
（出典：「主婦と生活」1956年2月号、主婦と生活社）

◆作り方◆

・小麦粉をバターで炒めて、牛乳でのばしたホワイトソースを作る。
・そこにバター炒め玉ネギやグリーンピースを加えてマカロニにかける。
・最後に刻んだパセリと目玉焼きを載せる。

◆検証◆

これはご飯（白米）のおかず＝お惣菜として提案されていたようです。確かに街の定食屋で「目玉マカロニ＋味噌汁＋ライス三百五十円」なんていう定食があっても不思議ではありません。スパゲティやマカロニもこうなってくると、イタリア料理だったということを忘れてしまうようです。

うどん代用スパゲティの時代が終焉を迎えるやいなや、本物のスパゲティ麺を使った日本独自のスパゲティ文化を作り始め、「和風スパゲティ」という独自のパスタ文化の爆発期を迎えるのでした。

日本料理でもなければ中華でもない、ましてや、イタリアのパスタ料理であるはずがないような、日本独自の、いうなればガラパゴス化したパスタ料理が誕生してきたのがこの時代でした。

コラム　うどんナポリタンの時代

私が初めてナポリタンというスパゲティを食べた一九七〇年ごろ、「パスタ」という言い方をする人は周りにいませんでした。しかし昨今では、パスタという呼び名が一般的になり、スパゲティなんていうと「古くさい」と思われそうです。そのスパゲティという呼び名も、明治時代の料理本ではあまり見かけません。かつての料理本では、今日「マカロニ」と呼ばれている麺もスパゲティやパスタと呼ばれている麺もひっくるめてマカロニと表記されることが多かったのです。

大正から昭和に入り、麺の中心に穴が開いているものを「マカロニ（和名：管麺）」で、開いていないものがスパゲティと分けられるようになり、婦人向け雑誌の付録料理本でもスパゲティという表記が多くなってきました。

この時代の婦人雑誌の読者層は都市部に住む富裕層の専業主婦が多かったので、洋食や中華料理への関心も高かったのでしょう、ハイカラな料理としてマカロニやスパゲティがもてはやされていたようです。

昭和初期の家庭料理本で取り上げられていた料理は、どのような基準で選ばれていたのでしょうか？　当時の主婦層に人気があって発行部数も多かった婦人雑誌の付録料理本で紹介されていた料理を分析してみると、その選び方は大きく二つに分けられることがわかりました。

1、誰もが知っていてよく食べている料理だが、作り方が難しいからそれを教えるために掲載した。例えば、茶碗蒸しとか黒豆の煮方とか、ちょっと難しい和風料理です。

2、社会的に話題になっているから知識としては知っているが、食べたこともないし、作り方も知らない珍しい料理だから、注目を集められるだろうという理由で選んだもの。例を挙げるとローストビーフとか蟹玉とか、洋食や中華料理です。

スパゲティの料理は、後者に含まれていました。〇〇軒と名乗るような有名な洋食店（レストラン）でしか食べられなかったイタリア料理が、ご家庭でも作れます！

これが当時の料理本の「売り」だったのです。

実際のところ築地精養軒のような有名洋食店では輸入した麺を用い、本場の作り方をできるだけ再現していましたが、これをご家庭用レシピにするにはあまりにハードルが高すぎました。

ご家庭で作れるスパゲティ料理として家庭料理本で紹介するには、一般の人でもたやすく入手できる材料でなければなりませんし、家庭の台所で家庭の調理器具でできる範囲でなければなりません。本場のようなスパゲティ麺が入手できなければ、その代用品としてうどん麺やそうめんを使うという選択も当然のことだったのでしょう。

掲載された写真や図版（イラスト）には、うどんの麺を使っていてもスパゲティに見えるような工夫があります。器にも日本製の洋皿（実際この時期には欧米向けの輸出もおこなわれていた）を使って本場のスパゲティに似せようと努力していた代表的なものが、うどんナポリタンなどだったのです。

使用する麺だけをうどんで代用し、調理方法や味付け、盛り付け、器などはできるかぎり本場のやり方をコピーしようとした、そんなパスタ料理の時代でした。

第2章　カレーうどんの謎

1　カレーライスは洋食でカレーうどんは和食？

私は子供のころ、晩ご飯がカレーだと「うわ〜い！　今夜は洋食だぁ〜」と喜んでいました。

いまでこそ、日本のカレーライスは和食であると言い切っていますが、昭和の少年にとってカレーライスは代表的洋食の一つだったのでした。しかし、カレーライスのライスをうどんに代えただけのカレーうどんのときには、正直に言って「洋食だぁ〜」といった舞い上がり方はしなかったような気がします。なんでだろ？

カレーライスはスプーンで食べるから洋食、カレーうどんは箸で食べるから和食……？　いやいや、そんな単純なことではないと思います。確かに外食のときにカレーライスは洋食をおもに提供するレストランで食べ、カレーうどんは和風のそば屋で食べていましたが、ざるそばを食べている人の横でカレーうどんを食べることにはどこか負い目を感じていました。

そんな和食とも洋食とも言えないカレーうどんの専門店を見かけるようになったのは、二〇〇〇年ごろからだったと思います。それ以前は、街中のありふれたそば屋で食べるものでした。ざるそばやかけそば、天ぷらそばなど、いかにも和食というお品書きのなかに、カレーそばやカレーうどん、店によってはカレー南蛮と書いてあるのを見つけて、違和感をもっていました。ワサビやネギなどの薬味と鰹節や昆布の和風出汁が効いたつゆで食べるそばと、洋食っぽいカレーがアンバランスに思えていたのでしょう。

けれども、そば屋で食べるカレーうどんはカレーライスのカレーとは一味も二味も違ううまさがありました。家でもうまいカレーうどんを食べたいと、カレーライス用のカレーを茹でたうどんにかけてみたことがありますが、これがちーっともおいしくない。

どこが違うのだろう？

子供のころは、カレーライスのカレーとカレーうどんのカレーが違うってことには気づいていましたが、具体的に違いを説明することはできませんでした。

その後、古い料理本などからカレーうどんのレシピを集め、作っては食べるという実験を繰り返すことで、その違いがだんだんわかってくるのでした。大ざっぱに比較するとこのようになります。

家庭で作るカレーライス用のカレー

・ジャガイモゴロゴロに代表されるように具材が大きい。

・チキンやポークなどの洋食系出汁の味である。

・専門的なピリ辛スパイスがたくさん使われている。

そば屋のカレーうどん用のカレー

・ゴロゴロした具材ではなく、薄切りの肉と細切りの玉ネギが中心である。

・鰹節や昆布、煮干しなど和食系出汁の味である。

・ピリッとするスパイスは七味唐辛子くらいで、基本的にはターメリック、クミン、コリアンダー、ブラックペッパーなどをブレンドしたカレー粉（ガラムマサラ）を使う。

カレーライスのカレーとカレーうどんのカレーとは、似て非なるものだったということがわかりました。

ということは、料理本に出ているカレーライスのレシピとカレーうどんのレシピは当然違っているということでしょう。明治の初期にイギリス人が作るカレーをまねすることから始まった日本のカレーが、

・いつごろからカレーライス用とカレーうどん用に分かれたんだろう？

・初期カレーうどんとはどんなものだったんだろう？

・その後どのような変遷を経て今日のカレーうどんに辿り着いたんだろう？

――というような疑問が湧いてきたのです。

これを調べる方法の一つは、「元祖カレーうどんの店」のように、昔からカレーうどんを作り続けている専門店の話を聞くことでしょうが、この方法だとその店の「カレーうどん観」しかわからない。

そしてもう一つは、家庭料理のテキストとして市販されていた料理本のレシピを検証することです。こちらであれば、世間一般の人々が共有していたカレーうどん観にふれられそうです。

私は後者を選び、婦人雑誌の付録（昭和初期〜末期ごろ）から、カレーうどんを取り出して比較検証してみました。

その結果、今日のカレーうどんのもとになったと思われるものが料理本に載るようになったのは大正時代からで、それらは「かけ汁系」と「餡かけ系」に大別されるということがわかりました。本書では、昔の料理本から抜粋したカレーうどんのレシピを、かけ汁系と餡かけ系とに分けてみていきたいと思います。

2　かけ汁系カレーうどん

一九三二年、模範的なカレーうどんレシピ

料理名：カレー南蛮

出典：「婦人倶楽部」一九三二年一月号付録「家庭向来客向冬のお料理」、大日本雄弁会講談社

婦人向けの家庭料理本は大正時代から出版されていますが、婦人雑誌の付録に家庭料理本が登場するようになるのは、一九三〇年（昭和五年）ごろからです。初期の付録料理本のなかに、今日とほぼ同じようなカレーうどんのレシピが見つかりました。ここでは「カレー南蛮」という表記になっています。

そば屋のお品書きにも「カレー南蛮」と「カレーうどん」とがありますが、はっきりとした違いはわかりません。

カレーうどんの資料としてまずこれを取り上げたのは、レシピを書いたのが小林完だったからです。明治以降に渡欧して洋食の修業をした人は、帰国後は洋食の料理人

として活躍するのが一般的でしたが、小林完は料理人として活躍する一方で家庭料理学校で教鞭を執るなど、洋食の普遍化や普及に尽力した人物です。

　戦中・戦後の物資が乏しいときにも、限られた食材で作れる洋食などを家庭料理本で紹介していた人ですから、このカレー南蛮も家庭の主婦向けに書いてありました。この本にはレシピだけで、カレー南蛮の写真やイラストは載っていません。ここではレシピを全文掲載します。原文は旧仮名遣いではありますが、作り方に関してはいたってわかりやすい、秀逸なレシピだと思います。

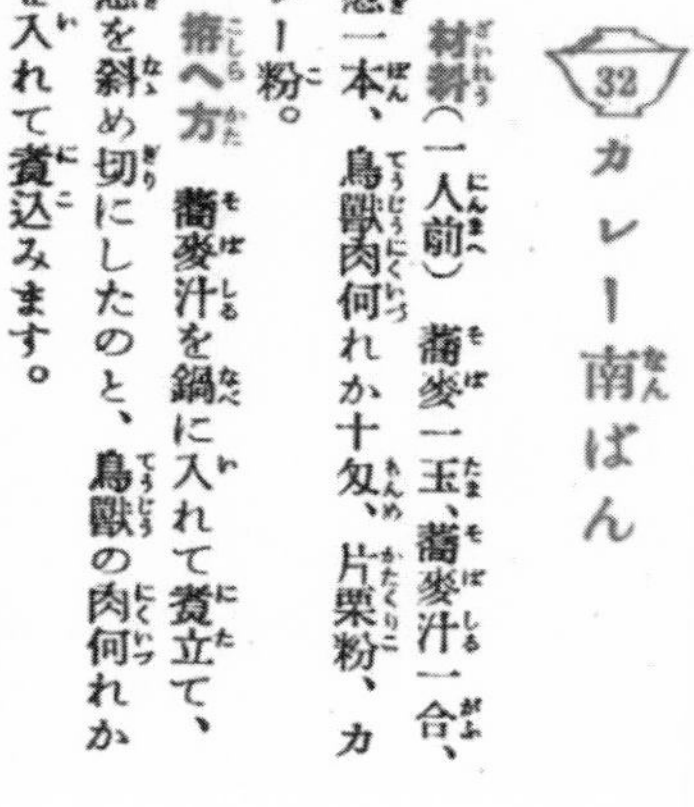
32
カレー南《なん》ばん
材料《ざいれう》（一人前《にんまへ》）　蕎麦《そば》一玉《たま》、蕎麦汁《そばしる》一合《がふ》、葱《ねぎ》一本《ぽん》、鳥獣肉《てうじうにく》何れか十匁《もんめ》、片栗粉《かたくりこ》、カレー粉《こ》。
拵《こしら》へ方《かた》　蕎麦汁《そばしる》を鍋《なべ》に入《い》れて煑立《にた》て、葱《ねぎ》を斜《なゝ》め切《ぎり》にしたのと、鳥獣《てうじう》の肉《にく》何れかを入《い》れて煑込《にこ》みます。

◆作り方◆
・そば汁（かけ汁）は、鰹出汁を煮詰めて醤油、砂糖、みりんで味付けし、味の素で仕上げる。
・このそば汁を煮立て、鳥獣の肉を入れ、水溶きの片栗粉とカレー粉を足して粘りが出るまで煮る。
・温めたそば麺を丼に入れ、このそば汁をかける。

注意書きによると、「カレー南ばん」と「肉南カレー」は同一の料理であり、そばでもうどんでもかまわないということのようです。

◆検証◆
　このレシピをもとにしてカレー南蛮を定義すると、鰹出汁をベースにして、醤油、砂糖、みりんで味付けした汁に、鳥獣肉とネギを入れて煮込み、片栗粉とカレー粉の水溶きを流し込んでとろみを付けたかけ汁で食べるうどんか日本そば――ということになります。これは、現在そば屋の定番メニューにもなっているカレーうどん、カレー南蛮の特徴と一致します。

「なぜ「南蛮」というのか？」「どこの誰が始めた料理なのか？」には諸説あって、いまとなってはよくわかり

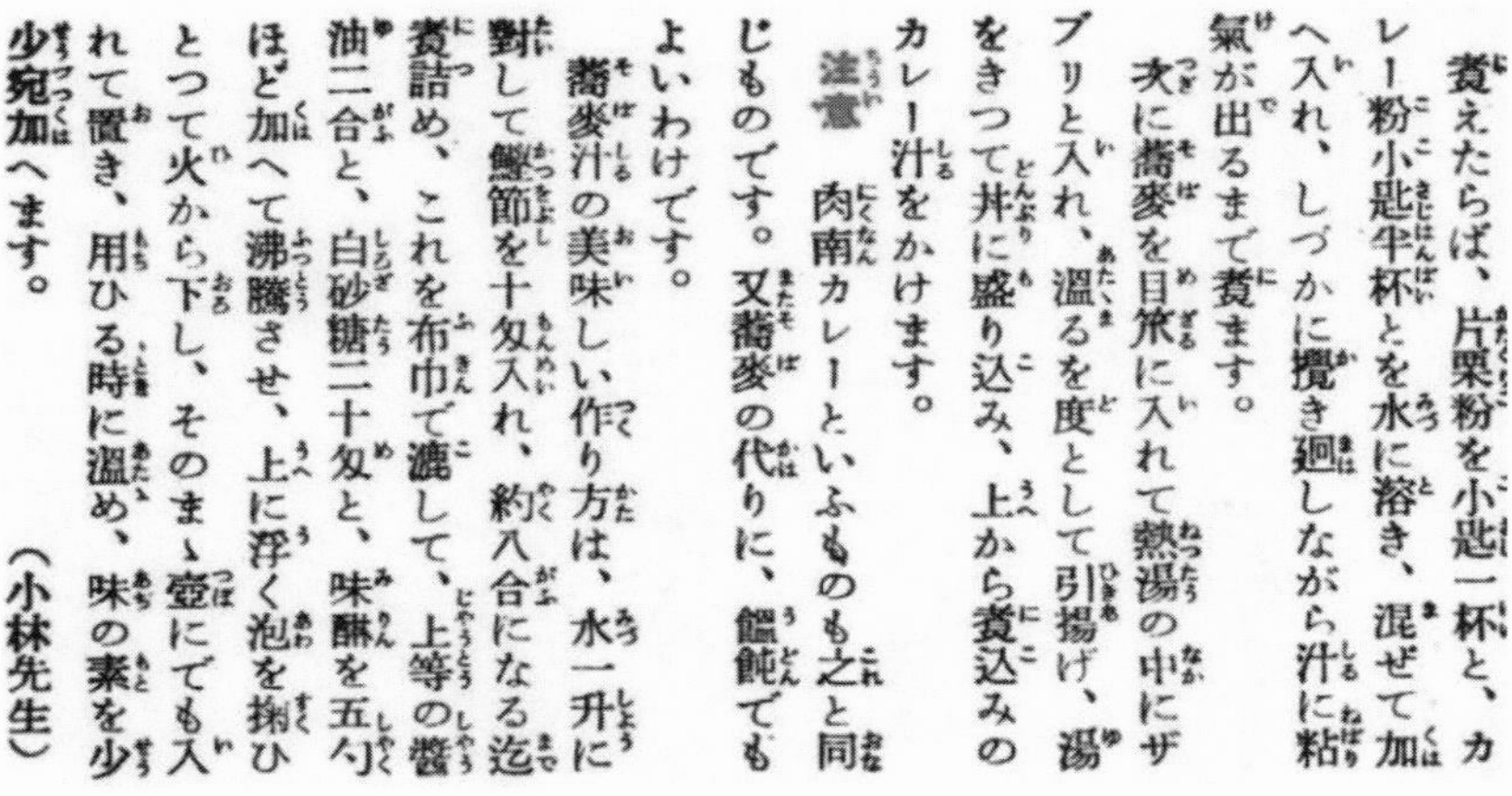
煮《に》えたらば、片栗粉《かたくりこ》を小匙《こさじ》一杯《いっぱい》と、カレー粉小匙半杯《こさじはんばい》とを水《みづ》に溶《と》き、混《ま》ぜて加《くは》へ入《い》れ、しづかに攪《か》き廻《まは》しながら汁《しる》に粘《ねばり》氣《け》が出《で》るまで煮《に》ます。

次《つぎ》に蕎麥《そば》を目笊《めざる》に入《い》れて熱湯《ねつたう》の中《なか》にザブリと入《い》れ、溫《あたゝま》るを度《ど》として引揚《ひきあ》げ、湯《ゆ》をきつて丼《どんぶり》に盛《も》り込《こ》み、上《うへ》から煮込《にこ》みのカレー汁《しる》をかけます。

注意《ちうい》　肉南《にくなん》カレーといふものも之《これ》と同《おな》じものです。又蕎麥《またそば》の代《かは》りに、饂飩《うどん》でもよいわけです。

蕎麥汁《そばしる》の美味《おい》しい作《つく》り方《かた》は、水《みづ》一升《しよう》に對《たい》して鰹節《かつをぶし》を十匁《もんめ》入れ、約《やく》八合《がふ》になる迄《まで》煮詰《につ》め、これを布巾《ふきん》で漉《こ》して、上等《じやうとう》の醬油《しやうゆ》二合《がふ》と、白砂糖《しろざたう》二十匁《め》と、味醂《みりん》を五勺《しやく》ほど加《くは》へて沸騰《ふつとう》させ、上《うへ》に浮《う》く泡《あわ》を掬《すく》ひとつて火《ひ》から下《おろ》し、そのまゝ壺《つぼ》にでも入《い》れて置《お》き、用《もち》ひる時《とき》に溫《あたゝ》め、味《あぢ》の素《もと》を少《すこ》少宛加《すこしづつくは》へます。（小林先生）

図2-1
（出典：「婦人倶楽部」1932年1月号付録「家庭向来客向冬のお料理」、大日本雄弁会講談社）

ませんが、この本が出版された一九三二年には、すでにこのような料理がカレー南蛮と呼ばれていたことは確かです。

しかし同時に、「カレーうどん」という表記のレシピも料理本には載っていました。かけ汁系にはカレー南蛮とカレーうどんという異なった表記があるが、どこがどう違うのか？　ワカラナイ。

和食のかけうどんに舶来のカレー粉が使われたことから「南蛮」という文字が入ったのかもしれませんが、これは単なる推測です。ここでは推測や憶測はおくことにして、手に入るカレー南蛮のレシピから特色を拾い出してみましょう。

シチュー風のカレー南蛮

料理名：カレー・南蛮
出典：主婦之友社編『経済で美味い家庭料理千種』主婦之友社、一九三一年

◆作り方◆
・ぶつ切り鶏肉に小麦粉をまぶして、バターで炒める。
・白湯を注いで煮込む。

図2-2
（出典：主婦之友社編『経済で美味い家庭料理千種』主婦之友社、1931年）

・みじん切り玉ネギをバターで炒め、カレー粉、メリケン粉（小麦粉）を入れ、鶏の煮汁でのばす（カレールウを作っている）。
・鶏肉を加えて、塩、コショウ、醤油で味加減する。
・割醤油《わりした》を通したうどん麺を丼に入れ、カレー汁をかける。

◆検証◆

バター炒めにして煮込んだ鶏肉は、シチューみたいな感じです。これをカレールウで煮るとますますシチューっぽくなっていきます。

このような西洋料理っぽさが、たぶん「南蛮」の由来なんでしょう。しかしこのカレー南蛮の味の決め手は、カレー汁をかける前にうどん割り醤油をからめていたことでした。

すき焼きに用いるような割り醤油は割り下とも書きます。醤油に鰹節や昆布などの出汁と甘味（みりんや砂糖など）を加えたものです。茹でたアツアツのうどん麺に、この割り醤油をからませることで、ニッポンジンが大好きな出汁と醤油の味が加わって、ちょっとうどんすきみたいです。このあたりがきっと「そば屋のカレーうどんがうまい！」理由ではないでしょうか。

割り醤油を使わないバージョンもやってみましたが、カレーチキンシチューとうどんが一つ丼のなかで居心地悪そうに座っているようなアンバランスな味でした。きっと鰹出汁がカレー南蛮（うどん）成立の重要な要素なのでしょう。

カレー南蛮とカレーうどんの比較実験

次に紹介する「カレー南蛮」と「カレーうどん」のレシピは同じ本の同じページに載っていました。わざわざ分けているということは、カレー南蛮とカレーうどんは異なる料理だから……と考えるのが普通ですから、ここで比べてみます。

料理名：カレー南蛮
出典：「ホーム」一九四九年八月号、ホーム社
材料：三枚におろしたスズキ（魚）、玉ネギ、インゲン、カレー粉、煮出汁、塩、醤油、油

◆作り方◆
・刻んだ玉ネギと茹でたインゲンを油で炒め、塩、醤油、白湯を加えて煮る。
・薄塩を振っておいたスズキを水洗いして、鍋に加え、カレー粉を溶かす。
・スズキの身がほぐれるくらい煮る。

料理名：カレーうどん
出典：「ホーム」一九四九年八月号、ホーム社
材料：牛肉、玉ネギ、スープ、メリケン粉、カレー粉、塩、油

◆作り方◆
・肉と玉ネギの薄切りを油で炒める。
・別鍋に大さじ二杯の油を煮立て、メリケン粉とカレー粉を炒める。
・スープを注ぎ、塩で味付けをする。
・とろみが出たら、炒めておいた肉と玉ネギを加える。

図2-3
（出典：「ホーム」1949年8月号、ホーム社）

図2-4
（出典：「ホーム」1949年8月号、ホーム社）

カレー南蛮のほうは深皿、カレーうどんのほうは皿に盛ると書いてありましたが、図版を見ると、カレー南蛮は丼（のように見える器）、カレーうどんが深めの洋皿になっています。

◆検証◆

この本に載っていたカレー南蛮とカレーうどんの異なる点を挙げてみました。

・南蛮にはスズキという魚を使い、うどんには牛肉を使っている。
・南蛮ではメリケン粉のルウは使わないが、うどんは使っている。
・南蛮は出汁、スープ未使用だが、うどんではスープ（獣肉系と思われる）を使っている。

これらの違いをみると、カレー南蛮のほうが和風で、カレーうどんのほうが洋風に思えます。実際に食べてみても、カレー南蛮は「カレー風味の魚汁で食べるうどん」であって、現在そば屋で食べるカレー南蛮とは別物でした。

カレーうどんは、メリケン粉を炒めたルウが入っているだけに、十分なとろみもあり、スープのコクもあって、今日のカレーうどん（南蛮）に近い味がしました。――というような検証結果になったのですが、この本からカレーうどんとカレー南蛮の明確な違いを引き出すことはできませんでした。

あまりにも大ざっぱなカレーうどんレシピ

料理名：南蛮うどん
出典：長谷川武徳／上田智子監修『家庭料理百科』（実用百科選書）、金園社、一九六〇年

書名に『家庭料理百科』とまで名乗るほどだから、これをみれば南蛮うどん（カレーうどん）も簡単に作れそう……と思うのがフツーだと思いますが、いざレシピを開いてみるとビックリ！でございます。

◆作り方◆
・煮立った出汁に薄切り豚肉、斜め切りのネギを入れる。
・水溶きのカレー粉、塩、砂糖、醤油で味付けする。
・水溶き片栗粉を流し込む。

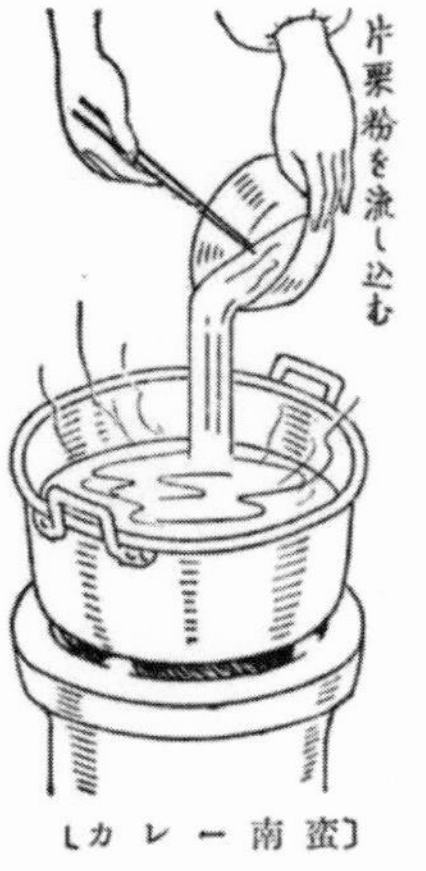

図2-5　仕上げに水溶き片栗粉を流し込むところの説明
（出典：長谷川武徳／上田智子監修『家庭料理百科』〔実用百科選書〕、金園社、1960年）

・丼に盛った熱いうどんにかける。

出汁については詳しく書いてありませんでした。昆布、煮干し、鰹節などで取った普通の和風出汁を使いました。

◆検証◆
作りながら思ったんですが、このレシピを書いたヒトってホントーに作ってみたんだろーか？　疑ってしまいました。

このレシピ、いたって簡素化してあるから、初心者はとっつきやすいと思います。これまでみてきたカレー南蛮のレシピのほとんどが、玉ネギや肉を油で炒めるところから始まっていました。その次にメリケン粉とカレー粉を油で炒めてルウを作り、スープや煮出汁で煮込むことでコクを出していました。

しかし、このレシピではそれらすべてを省略して、いきなり豚肉とネギを煮出汁に入れてすぐに味付けです。それだけではサラサラしたかけ汁になってしまいます。

そりゃマズイと思ったのでしょうか、水溶き片栗粉をこれ見よがしに流し込む図版まで添付しています。これでとろみは付きますが、味の深みもコクもない、ただの

とろみ付きカレー風味の煮汁でした。

このとおりに作って食べてみましたが、とうてい、「もう一度食べたい」という気にはなれませんでした。これが一九六〇年に出版された家庭料理の本で紹介されていた南蛮うどんだったのです。

トコトン手軽なカレー南蛮レシピ

料理名：カレーなんばん
出典：「主婦の友」一九六〇年十月号付録「秋冬 毎日の料理ブック」、主婦の友社

◆作り方◆

・多めの油を熱した鍋で薄切りのニンジンと玉ネギ、みじん切りの生姜とニンニク、細切れ豚肉を炒める。
・鍋の片方に寄せ、空いたところに多めの油を足し、小麦粉とカレー粉を入れて炒める。
・かけ汁になる水を鍋に少しずつ加えながら溶きのばし、コトコト煮る。
・やわらかくなったら醤油、砂糖、化学調味料で味付けをする。

図2-6
（出典：「主婦の友」1960年10月号付録「秋冬 毎日の料理ブック」、主婦の友社）

このようにして作り、丼に入れた温かいうどんにかけ、グリーンピースやネギを散らして完成だそうです。

◆検証◆

このレシピを書いた奥さまの言葉によると、

こんなことをいうと、おそば屋さんに叱られるかも

しれませんが――

「こりゃイカスね、そば屋のよりうまいよ」って口の悪い主人もほめてくれます。

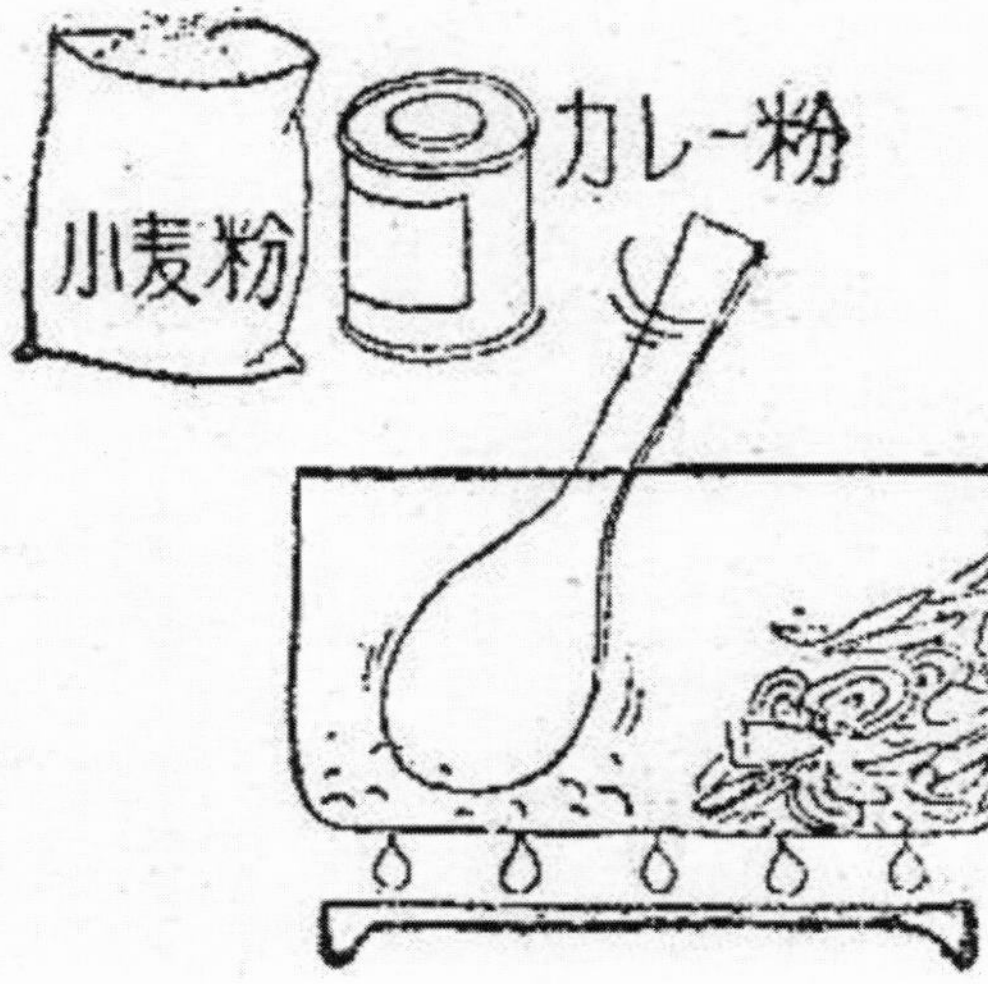

図2-7
（出典：同付録）

と、ご主人に褒められたそうですからかなり自信もあったのでしょう。

実際に作ってみても十分に評価できるおいしさでした。昨今のそば屋で食べるカレーうどん、カレー南蛮によく似ていました。

ご主人の「そば屋のよりうまいよ」の根拠として考えられるのは、

・化学調味料のうまみが効いていて、
・こってりしたコクがあって、
・たっぷりのカレー汁にはほどよいとろみが付いている

などが挙げられます。

このおいしい条件を満たしたのは、多めの油を使ったことと、スープや煮出汁のかわりに化学調味料で味付けをしたためでしょう。

最初に肉や野菜を炒めたときに使った油は五人前あたり四十五ccで、そのあと小麦粉とカレー粉を炒めるときには三十ccでしたから、合計七十五ccです。一人前のカレー南蛮には十五ccの油が使われていることになりますから、コクも出るはずです。

また、このレシピではスープも煮出汁も出てこないかわりに、「醤油、砂糖、化学調味料で」味付けをすると書いてありました。化学調味料の分量は書いていないので、自分で「うまい」と感じる分量を入れることになるのでしょう。鰹節、昆布、煮干しなどで出汁を取った場合には、出汁の濃さやうまさに差が出るものですが、化学調味料を使えば、誰が作ってもグルタミン酸やイノシン酸の強烈なうまみが口中に広がります。

これに砂糖の甘さ、醤油のうまみが加われば、万人受けするカレー汁になるのは間違いありません。レシピ冒頭にあった「そば屋のようりうまいよ」という言葉はあくまでも一個人の感想ですが、不特定多数のお客を相手にする街のそば屋では、誰が食べても「おいしい」と言ってもらえるように化学調味料を多用し、油脂をたくさん使ってコクを出し、しょっぱさ、甘さも濃いめにするのが常道でしたから、それよりもうまいとご主人に言わせたこのカレー汁は、かなり濃厚な味付けをしていたと考えられます。

これが一九六〇年の料理本に載っていたカレー南蛮を再現した感想です。

かけ汁系のカレーうどんとカレー南蛮、どこがどう違うのか、よくわかりませんでした。でも、べつにわからなくてもいいようです。人によって（店によって）うどんと呼んだり南蛮と呼んだりしていただけかもしれません。

3　餡かけ系カレーうどん

チーズとトマトソースかけカレーうどん

料理名：カレーうどんトマトソースかけ
出典：「主婦の友」一九六四年七月号、主婦の友社

◆作り方◆

・みじん切り玉ネギをバターで炒め、カレー粉を振り込む。
・そこにうどんを加えて炒め、塩、コショウ、化学調味料、おろしチーズで調味する。
・皮むきトマトのざく切りを酢、塩、コショウ、化学調味料で煮崩してソースを作る。
・洋皿にうどんを盛り、茹で卵とパセリを載せ、上からソースをかける。

図2-8
（出典：「主婦の友」1964年7月号、主婦の友社）

◆検証◆

これは雑誌「主婦の友」読者からの投稿レシピです。投稿の冒頭に、「うどんを洋風に食べ、子供たちは大喜びです」とありました。

子供が喜ぶうどんの場合、だいたい肉類を使っているものですが、この料理には使われていません。それでも結構満足感があるのは、うどんをバター炒めにしたことと、トマトに含まれるグルタミン酸、そして子供が大好きなカレー味という要素があったからでしょう。

トマトソースをかけるところはスパゲティ、カレー味にするところはカレーライスからのいいとこ取り、これこそ主婦ならではの家庭料理といった感じです。かけ汁系カレーうどんの対極にある餡かけ系カレーうどんのいい例だと思います。

ホワイトソースのカレーうどん

料理名：カレーうどん
出典：「婦人生活」一九五一年二月号付録「一年中の家庭料理大全集」、婦人生活社

このカレーうどんは、ホワイトソースをベースにしたカレークリームソースをかけたうどんでした。このイラストを見て、「カレーうどんですね」と言う人はあまりいないでしょう。スパゲティにソースをかけている図版……とみるのが普通ではないでしょうか。

◆作り方◆

・薄切り牛肉と櫛形玉ネギをバターで炒め、カレー粉、牛乳、スープを加えて煮込む。

・塩、コショウで味を付け、水溶き小麦粉を加えてドロリとさせる。

・茹でて水切りしたうどんを皿に盛りカレーをかける。

・みじん切りパセリとバター炒め空豆を散らす。

◆検証◆

レシピの分量は、

・牛乳　百八十cc

・スープ　二百七十cc

・カレー粉　二十三cc

・小麦粉　二十グラム

となっていました。

牛乳＋スープ＝四百五十ccが五人前のカレーかけ汁になるわけですね。しかしその分量に対して、二十グラムの小麦粉ではあまりとろみが付きません。

このカレーうどんは丼ではなく平皿に盛りますから、かけ汁がゆるいとうどんにからみにくいので、小麦粉を少し増やしてみました。

図2-9
（出典：「婦人生活」1951年2月号付録「一年中の家庭料理大全集」、婦人生活社）

　また、このレシピにはカレーうどんの必須条件である甘味が含まれていません。牛乳やバターを使っているので濃さは十分ですが、甘味が少量加わればカレースパイスがより引き立ちますので、微量の砂糖を加えて調整する必要がありました。別項で取り上げた「かけ汁系カレーうどん」と違い、スパゲティっぽい洋風カレーうどんといった感じです。

　ただ困ったのが食べ終わりのマナーですね。

　丼に入ったかけ汁系カレーうどんでしたら、最後は丼を両手で持って残り汁を最後の一滴までズズズーッとすすり込めますが、このような平皿のスパゲティタイプですと、ズズズーができない。

　昔の料理本には洋食のマナーがよく掲載されていましたが、そこには「皿を持ち上げたり、皿に口を寄せてすすり込むのはご法度です」などと書いてありました。そのマナーどおりに食べようとすると、餡かけ系カレーうどんの汁はスプーンで上手にすくって食べなきゃなりません。これじゃ日本人のうどんの食べ方にそぐいませんから、餡かけ系カレーうどんは普及しなかったのではないでしょうか。

4　ちょっと変わったカレーうどんいろいろ

　昭和前半の料理本からちょっと変わったカレーうどんをいくつか紹介します。いずれも、現在評判になっているようなカレーうどんとはかなり違ったものです。創意工夫していた時期だったとも、発展途上だったともいえるようなこのころのカレーうどんをみてみましょう。

割烹女学校のカレーうどん「かけ汁系」

　明治―大正―昭和初期には、女学校（女子の中等教育をおこなう学校）の他に割烹女学校（女性の料理教室）や裁縫女学校などもありました。その割烹女学校の先生が書いたレシピが「カレー粉入りの鍋焼きうどん」でした。

　割烹というと和食を教えるのではないかと誤解されそうですが、当時の割烹女学校では、洋食や中華も教えていました。カレーも当然教えたでしょうが、鍋焼きうどんにするところが割烹学校たるゆえんでしょう。

料理名：カレー粉入りの鍋焼きうどん

出典：「婦人倶楽部」一九三三年十二月号、大日本雄弁会講談社

この料理を教えていたのは、東京割烹女学校の栗田庄太郎先生です。「有り合わせの材料でも簡単にできて、どんなお寒い時にもよく体の温まる、カレー粉入りの鍋焼きです」と冒頭に書いてあります。

◆作り方◆

- 出汁は鰹節だけで取り、砂糖、醤油、みりんで味を付けて煮立てる。
- そこにエビを入れて三、四分後に引き上げ、塩、味の素、醤油、カレー粉を加える。
- 最後に水溶き片栗粉を流し入れる（とろみ付け）。
- 土鍋に斜め切りのネギを敷き、うどん、茹でた白菜、エビを並べ、カレー汁をかける。
- 真ん中に卵を割り入れて蓋をし、蒸らす。

これが東京割烹女学校で教えていたカレーうどんでした。

図2-10
（出典：「婦人倶楽部」1933年12月号、大日本雄弁会講談社）

カレーライスのようなカレーうどん

料理名：カレーうどん
出典：「主婦之友」一九三二年新年号付録「一年三百六十五日分の献立と調理 毎日のお惣菜」、主婦之友社

東京割烹女学校で教えていたカレーうどんが、鰹出汁を使った鍋焼きうどんにカレー粉を加えたものだったのと異なり、このカレーうどんには鍋焼きのようなかけ汁がありませんでした。

◆作り方◆

・玉ネギと豚肉を細かく刻み、ラードで炒める。

・カレー粉とメリケン粉を加えてさらに炒め、湯かスープでのばし、塩、味の素、醬油で味付けをする。

ここまでのレシピは昔の料理本に書かれていたライスカレーの作り方（カレー汁の作り方）とほぼ同じです。レシピどおりに作るとメリケン粉が多いため、ねっとりとしたルウができたので、かけ汁系カレーうどんのように汁がたっぷり……とはいきませんでした。

・温めたうどんを丼に入れ、このカレー汁をかける。

こうして作られたカレーうどんは、写真からもわかるとおり汁気が感じられません。

いうなればこのカレーうどんは、カレーライスのご飯をうどんに代えたもので、カレーの具はカレーうどんには欠かせない肉と玉ネギですが、切り方が細かい角切り（みじん切りよりは大きめ）なので、そこだけはカレーライス風だったといえます。ご飯にかけてスプーンを使えば食べやすいカレーですが、うどんにかけて箸で食べる

図2-11
（出典：「主婦之友」1932年新年号付録「一年三百六十五日分の献立と調理 毎日のお惣菜」、主婦之友社）

のには向いていませんでした。

和風出汁系カレーうどん

料理名：カレーうどん

出典：主婦之友社編『お惣菜料理』(「主婦之友花嫁講座」第一巻)、主婦之友社、一九三九年

◆作り方◆

・細切れ肉と刻んだ玉ネギを、醬油、みりん、砂糖で甘辛く下煮しておく。

・鶏がらスープか煮出汁を加え、塩か醬油で味付けして煮込む。

・水溶きしたメリケン粉とカレー粉を入れたら、弱火にしてかき混ぜる。

・丼に温めたうどんを入れ、カレー汁をかける。

◆検証◆

いたってシンプルなカレーうどんです。

肉は豚でも牛でもかまわない、それも安い細切れ肉で十分です。具は玉ネギがあればよろしい。肉屋で分けてもらった鶏骨（鶏がら）でスープを取れば、間違いなく

図2-12
（出典：主婦之友社編『お惣菜料理』〔「主婦之友花嫁講座」第1巻〕、主婦之友社、1939年）

うまいカレーうどんがおうちで食べられるんです……。

このように語りかけてくるような、失敗がない（ハズレがない）カレーうどんのお手本でした。

数多くのカレーうどんレシピを試すなかで、おいしいカレーうどんの三原則というものがわかってきました。

1、出汁＋甘味が必須　出汁は和風の鰹節、昆布、椎茸、煮干しなどなんでもよく、動物系の鶏がら、豚骨、牛骨でもいい。出汁の味付けには塩味と甘味（砂糖など）が必須

2、小麦粉とカレー粉の割合は3：1前後がいい

3、肉は薄切り、玉ネギはざく切りか櫛形切り

これにお好みで刻んだネギなどを加えてもいいですが、少なくともこの三点を踏まえておけばスタンダードなカレーうどんは作れます。そして、この三条件だけで作られたのが、このカレーうどんでした。ということで、これはカレーうどん入門篇といえるようなレシピです。

ライスカレー的カレーうどん

料理名：カレーうどん

出典：「主婦と生活」一九五四年二月号付録「四季の日本料理」、主婦と生活社

この節の二番目に紹介した「主婦之友」一九三二年新年号付録「一年三百六十五日分の献立と調理　毎日のお

図2-13
（出典：「主婦と生活」1954年2月号付録「四季の日本料理」、主婦と生活社）

惣菜」掲載のカレーうどんによく似ていました。

◆作り方◆

・材料：肉、玉ネギ、ジャガイモ、ニンジン、茹でうどん麺、鶏がらスープ、塩、醤油、カレー粉、小麦粉

・肉も野菜もすべて角切りにして、甘辛く煮る。

・煮えたら、水溶きしたカレー粉と小麦粉を入れてとろみを付ける。

◆検証◆

これを丼に盛った熱いうどんにかけてできあがり――ですから、手間はかかりませんが、味に深みやコクがあまり感じられませんでした。具を角切りにするのはカレーライスのときであって、カレーうどんにはやっぱり薄切りでしょう。角切りの具はうどんと一緒にすすり込みにくいのです。

冷たいカレーうどん

料理名：冷たいカレーうどん

出典：「主婦と生活」一九五七年八月号付録「安くて栄養豊富な盛夏のお料理」、主婦と生活社

図2-14
（出典：「主婦と生活」1957年8月号付録「安くて栄養豊富な盛夏のお料理」、主婦と生活社）

ガラスの器に盛られたうどん麺に、冷やしたカレーソースがかかっています。茹で卵以外は何が入っているのかわかりません。料理本なのにこの写真だけで、レシピが見当たらないんです。

この写真の隣に書いてあったのはこれだけです。

冷たいカレーうどん

冷していただいても風味の変わらないのがこの料理の特徴。ツンとした刺激は、特にお若い方に喜ばれましょう。

これじゃ何もわからんでしょうから、少し補っておきます。

レシピが載っていませんから、想像力をはたらかせて再現するしかありません。

もちろんやってみました。というより、もともと「冷やしカレーうどん」には何度も挑戦していました。

これはカレーライスにもいえることですが、カレーを冷たくしておいしく食べるのは難しいのです。スパイシーな香りは冷たくすると感じにくくなる。肉に含まれる脂、炒めるのに使った油脂（ラード、ヘット）が冷えると固まってしまう。ルウに使った小麦粉の粉臭さが気になってくる。

冷やしカレーにしたときのこれらの弱点をどのように解消するかが、冷やしカレーうどんの解決策になります。

解決策を挙げてみました。

・脂肪を含む豚肉はしゃぶしゃぶのように熱湯に通してから使う。または、茹でた鶏肉を使う。
・玉ネギを炒めるときには植物油を使う。
・かけ汁はまず普通のかけうどん用の汁を作り、水溶きのカレー粉＋葛粉（片栗粉では冷めたときにとろみがなくなる）でとろみ付けをして、十分に冷やしておく。
・茹でて冷ましたうどんに、ごく少量の生醤油をまぶす。

これらが冷やしカレーうどんをおいしく作るための解決策でした。

5　料理家によるカレーうどん

日本人とカレーソースはとても相性がよかったのでしょう。インド→イギリス→日本と伝わってきたカレーソースでご飯を食べる「ライス・カレー」に始まり、カレー漬物、カレー吸い物、カレー揚げ物、カレー炒め物……そしてカレーそばまで作られるようになりました。

名前は「カレーそば」であっても、日本そばより中華麺やうどん麺を使うことが多かったので、やがて「カレーうどん」という呼び名が一般的になったのではないかと考えられます。これは、ラーメンのことを最初は「中華そば」と呼んでいたのと同じことです。

そのカレーうどんのレシピを料理本から抜き出してみると、かけ汁系と餡かけ系とに分けられることは、前に述べたとおりです。

現在巷で見かけるカレーうどんの大半は前者のようですが、一九六七年に著名料理家が書いたいくつかの料理本には、後者のカレー餡かけタイプが載っていました。

その一人が、田村魚菜料理学園（魚菜学園自由ヶ丘お料理学校）を主宰する田村魚菜先生です。

田村魚菜のカレーうどん

写真からもわかるように、丼に入ったうどんではなく、深めの洋皿に入った皿うどんにカレー餡をかけたものです。これはどう見てもそば屋で食べる丼入りのカレーそば、カレーうどんとは別物です。

この餡かけ系カレーうどんを教えていたのが、当時テレビで人気絶頂だった田村魚菜さんです。

テキストに作り方は書いてありませんでしたが、材料表によると、かけ汁に使う水分量は一カップ＝百八十ccですから、後述の東畑朝子さんのレシピと同じでした。この分量の水で大さじ一杯の小麦粉を溶いてとろみを付

図2-15
（出典：田村魚菜『たのしいアフタヌーンショー 一〇〇〇万人の田村魚菜料理教室テキスト集』魚菜学園出版局、1967年）

図2-16
（出典：同書）

けますと、文字どおりドロリとしたカレー餡になるのです。

東畑朝子のカレーうどん

同じ一九六七年に発表された東畑朝子さんの料理本に掲載されているカレーうどんのレシピも、やはりカレー餡かけタイプでした。東畑朝子さんは栄養士であり、栄養学に基づいた料理本もたくさん執筆されています。レシピも自分で書かれたと推測します。そのレシピと作り方のイラストを資料として引用します。

イラストの右端（仕上げ部分）を見ると、餡かけであることは一目瞭然です。また、レシピに書かれた材料によると、五人前で出汁五カップと書いてありますから、一人前だと一カップ＝百八十ccです。これに十二ccの水で溶いた六ccの片栗粉を加えて加熱すればドロッとした餡になりますが、田村魚菜先生の「小麦粉大さじ一杯（十五cc）」よりはゆるい餡になります。

ゆるいといっても、かけ汁自体が百八十ccですから、丼に入れてもうどん全体がつかるほどの量ではありません。餡かけよりは汁は多いけれど、かけ汁系よりはずっと少ないカレーうどんでした。

図2-17
（出典：東畑朝子『わたしの家庭料理――基本と応用181種』婦人画報社、1967年）

カレーうどん

★材料（五人前）

ゆでめん五玉、牛肉二〇〇グラム、玉葱小二個、にんじん五センチ、だし汁五カップ、カレー粉小さじ二・五、片栗粉大さじ二、サラダ油大さじ二、しょうゆ⅓カップ、塩小さじ一

★作り方

1　牛肉は一口くらいに切り、玉葱とにんじんはうす切りにする。
2　鍋で油を熱し、肉、玉葱、にんじんの順に五分くらい炒める。
3　炒めたらカレー粉を入れて一分くらい炒め、だし汁を加えて五分煮て調味する
4　煮たったら、片栗粉を二倍の水どきして入れ、とろみをつける。
5　ゆでめんは、熱湯に通して、あたためた丼に入れ、その上にカレーをかけて進める。

プロフィール：田村魚菜と東畑朝子

田村魚菜　一九一四年生まれ。戦前、東京・京橋の蔦屋で修業する。蔦屋は『飲食事典』（平凡社、一九五八年）などの著書でも有名な本山荻舟が経営していた店。戦後は東京・自由が丘で魚菜学園を開く。

東畑朝子　一九三一年生まれ。栄養士でありながらフードドクターとしても活躍し、料理本も多数書いている。父親は農業経済学者の東畑精一。

6　カレーうどん以外のカレー麺料理

カレー＋麺類の分野で最もポピュラーなのはカレーうどんです。

そもそも、日本人は基本的にカレー味が大好きだったのでしょう。カレー粉に出合ってからは、漬物、和え物、炒め物、あろうことかお吸い物にまでカレー粉を使いました。その果てにうどん以外の麺類にカレー粉を使って

も不思議ではありません。むしろ当然のことでした。

明治の初期にはイギリス人のまねをしてライスカレーから始めたものの、明治の終盤には漬物や吸い物にもカレー粉を使うのが常態化していました。そして中華料理がだんだん家庭に普及しはじめる大正から昭和期になると、カレーそば・うどんという名称が生まれ、ここにカレーソースと麺類とのコラボが始まったのです。

その麺類のなかでカレーとの相性がよかったのがうどんだったと思われますが、そこはニッポン人、チャレンジ精神が旺盛で、うどん以外の麺類にも手を出していたのです。

中華そばをカレー味にしてはどーぢゃ？　そうめんだってカレー味が合うんじゃないか？　イタリアのマカロニやスパゲティだってカレー味にすりゃあ売れるかもしれん……。

食堂やレストランの経営者も、家庭料理本の編集者もそのように考えたのでしょう。昭和前半の料理本には、今日ではあまりお目にかかれないようなカレー味の麺料理も載っていました。現在目にすることはない。つまり、料理本で扱うジャンルとしては消えていったということ。消えていったということは、大衆の支持を得られなかったということでしょう。

そのようなカレー味の麺料理の主だったものを、昔の料理本からいくつか拾い出してみました。

カレー味スパゲティ1　かけるタイプ

料理名：スパゲティの挽肉カレー
出典：「婦人生活」一九五六年二月号付録「春夏秋冬の家庭料理」、婦人生活社

カレーそば、カレーうどんがあるくらいなら、カレースパゲティがあってもおかしくはない。そう思って探してみたら、だいたい二つのタイプのカレースパゲティがあることがわかりました。

一つは、ミートソースとか餡かけのように、茹でた麺にカレーをかけるタイプ。

もう一つは、ソース焼きそばのように、茹でた麺をカレー味で炒めるタイプです。

まず最初の「かける」タイプのカレースパゲティをみてみましょう。

◆作り方◆

図2-18
（出典：「婦人生活」1956年2月号付録「春夏秋冬の家庭料理」、婦人生活社）

・スパゲティ麺の茹で方＝そうめんを茹でるときと同じように、ビックリ水を四、五回したあと、火を消して四、五分蒸らす。蒸らした麺を皿に盛り、カレーソースをかける。
・カレーソースの作り方＝みじん切りにした玉ネギをバターで炒め、そこに牛ひき肉を加える。次に湯、カレー粉、トマトケチャップ、塩、コショウ、水溶き片栗粉を加えて煮る。

このような作り方ですから、餡かけ焼きそばとかミートソースのカレー味、といったところでしょうか。

カレー味スパゲティ2　炒めるタイプ

料理名：スパゲットのカレーソテー
出典：「主婦と生活」一九五六年八月号付録「夏の家庭料理全集」、主婦と生活社

そしてもう一つが、カレー味で炒めるタイプです。こちらは「主婦と生活」一九五六年八月号の付録「夏の家庭料理全集」に紹介されていた「スパゲットのカレーソテー」ですが、写真はありませんでした。このレシピを

書いたのは、戦前にヨーロッパ各地で暮らした経験がある料理研究家の飯田深雪さんです。

◆作り方◆

・スパゲティ麺は、塩茹でにして水を切っておく。
・多めのバターかサラダ油で刻んだ玉ネギとひき肉を炒め、カレー粉、塩、味の素で調味する。
・最後に茹でたスパゲティを加えて炒め和える。

◆検証◆

これら二つのカレースパゲティを作って食べた感想です。

1の茹で方ですが、スパゲティの麺を茹でるときにビックリ水を四、五回注ぐのは初めての経験でした。本場でそうしていたのか、日本人が考えたことなのかはわかりません。と同時に、ビックリ水を差さなくても、現在市販されているスパゲティの麺の場合、違いはありませんでした。

スパゲティにかけるカレーソースは、バターで炒めた玉ネギとひき肉にカレー味を付けたあと、水溶き片栗粉でとろみを付けていますから、この作り方は中華料理の「餡かけ」からヒントを得たものと思われます。

2のレシピを書いた飯田深雪さんは、外交官夫人として欧米各国、インドなどでも暮らした人ですから、外国の料理にも精通していたようですが、スパゲットのカレーソテーがどこの国の料理をもとにしていたのかはよくわかりません。ミートソースなどのソースを作るよりずっと手軽ですから、料理慣れしていない人にもとっつきやすい料理として飯田さんが考案したものかもしれません。ただ、カレーソテーのスパゲティというレシピは、のちの料理本ではまだ見たことがありません。私が知らない料理本にあったのかもしれませんが、もし人気がある料理だったらその後の料理本でもたくさん見つかるだろうと考えると、カレー味麺料理のなかではマイナーだったということでしょう。

そもそもスパゲティという麺は、麺自体に味を付けるソース焼きそばのような料理には向かないんじゃないでしょうか？　麺がもつ小麦粉の味と麺にかけるソースの味を口のなかで合体させる料理が、スパゲティ麺には向いているのではないかと感じた次第です。

ドライカレー載せスパゲティ

料理名：カレースパゲティ

出典：主婦と生活社編『スナック』（「カラークッキング」第十三巻）、主婦と生活社、一九七一年

炒めたスパゲティにドライカレーを載せてみました——で始まるレシピを要約してみます。

◆作り方◆

・塩を加えた湯で麺を茹で水に取ったあと、ザルで水気を切り、サラダ油をまぶしておく。

・麺の下ごしらえ＝バターで麺を炒め、軽く塩、コショウする。

・麺にかけるドライカレー＝みじん切りの玉ネギとピーマン、すりおろしたニンジンをサラダ油で炒める。そこにひき肉を加え、塩、コショウ、カレー粉、ケチャップ、ウスターソースで調味して四十分煮て、ナツメグ、丁子（クローブ）で仕上げる。

・輪切りの茹で卵を周りに置き、刻んだパセリとクルミを上に散らす。

図2-19
（出典：主婦と生活社編『スナック』〔「カラークッキング」第13巻〕、主婦と生活社、1971年）

◆検証◆

茹でたスパゲティの上に和洋中、なんでもありのソース（ミートソースなど）をかけるスパゲティがはやり始めたのが一九六〇年代でした。和風の納豆スパゲティもあれば、中華風の甘酢餡かけスパゲティも登場してきました。

日本なら当然出てくるだろうカレースパゲティは、すでに学校給食の「ソフト麺カレーかけ」として登場していましたが、ここで紹介するカレースパゲティはカレー汁ではなく、汁気がないドライカレーを麺に載せたものでした。

実際に作ってみると、麺と具（ドライカレー）がからみにくい。すりおろしたニンジンやケチャップを使っているからソースにはとろみがありますが、ひき肉がポロポロとお皿に残ってしまいがちです。

カレー味の場合は、ナポリタンのようにスパゲティ全体をカレーソースで和えるようにしたほうがよかったのかもしれません。その後の料理本でもカレースパゲティはたまに見かけますが、カレー炒めパスタか、スープカレーパスタのほうが多いようで、このようなソースを載せたものはあまり目にしませんでした。

カレー餡かけ中華麺

料理名：カレー餡かけそば

出典：「家庭の中華料理」「主婦の友」一九五九年十月号、主婦の友社

◆作り方◆

麺も上にかける具も、堅い焼きそば（揚げ麺にとろみ餡かけ）と同じ作り方です。

茹でた中華麺を多めの油で揚げるように焼き、野菜や肉も多めの油で炒めて、水溶き片栗粉でとろみを付けています。違うのは、とろみ餡を作るときにカレー粉を加えることと、とろみ餡に砂糖を使わないことでした（餡かけ焼きそばの餡には、どのレシピを見ても砂糖などの甘味料が使われていました）。

◆検証◆

中華餡かけ焼きそばは戦前から料理本の常連でしたが、カレー餡かけの焼きそばはいたって珍しい。なぜか？作ってみればわかりますが、餡かけ揚げ焼きそばにカレ

図2-20
(出典：「家庭の中華料理」「主婦の友」1959年10月号、主婦の友社)

ー味を付ける必要性がないんです。はっきり言ってカレー味は合わない＝多くの人には好まれそうにないのです。じゃあ、なんで料理本に載せたんでしょ？　これは料理本を編集する側の事情を知っている者ならわかります。目新しい、奇をてらったレシピで目を引きたかったか、ページを埋めるために無理やり創作した料理だったのではないでしょうか。

その手の料理は、一度料理本に載ってもそのあとに続くほかの本で見かけることはまずありません。食文化、その歴史を検証するときに気をつけなきゃならないケースです。

この料理本に出ていたことをもとにして「一九六九年ごろは、カレー餡かけそばが食べられていた」などと言ってはイケナイ。本に載ったことと、人々に食べられていたということは一致するとは言い切れない、その証明のような料理がこれでした。

カレー長崎皿うどん

料理名：カレー皿うどん
出典：「奥様手帖」一九六九年十月号、味の素サービス

レシピに書いてあったのは、長崎皿うどんを意識しているということでしたが、長崎皿うどんっぽいのは麺の上に載せるとろみ餡だけで、麺のほうは単なる茹でうどんでした。長崎皿うどんは油で揚げるか油焼きした中華

麺を使いますので、ちょっと違った麺料理です。

◆作り方◆

・塩、コショウした細切れ豚肉と角切り玉ネギ、そぎ切り椎茸をサラダ油で炒める。
・水で溶いた固形コンソメスープとカレー粉を加えて五分間煮る。
・塩、化学調味料で味を調え、水溶き片栗粉でとろみを付ける。
・溶きほぐした卵に塩と化学調味料で味を付け、熱したサラダ油で炒めて炒り卵を作る。
・皿に盛った茹でうどんにとろみ汁をかけ、茹でたサヤエンドウ、千切り紅生姜を載せる。

◆検証◆

この麺料理、餡かけ系カレーうどんに分類されます。レシピにはうどんの麺を茹でるとも炒めるとも書いてありませんし、味付けも書いてありません。

そのかわり、とろみスープにも炒り卵にも化学調味料で味を付け、固形コンソメスープも化学調味料で作られていますから、うどん以外は強烈なうまみの集合体でした。そのうまみをうどんの麺に分散しながら食べるんですね、このカレー皿うどんは。

きっとこのような化学調味料で作られた味が、のちの

図2-21
（出典：「奥様手帖」1969年10月号、味の素サービス）

ファミレスやレトルトパックのカレーうどんのルーツになったんでしょう。
　カレー皿うどんのレシピが掲載された翌年、一九七〇年には大阪万国博覧会が開催されました。万博ではたくさんのレストランも出店していました。そのなかの一つ、アメリカンパーク内に出店したコーヒーショップチェーン（ロイヤル&ハワードジョンソン）の運営を請け負っていたのが、のちのファミレス・ロイヤルホストの経営母体になったロイヤルです。このころからカレーうどんも、家庭で作るものから完成したものを買う時代になっていったのです。

餡かけタイプのカレー焼きそば（戦前）

料理名：カレー焼きそば
出典：「婦人倶楽部」一九三三年十一月号付録「家庭向支那料理三百種」、大日本雄弁会講談社

　昨今のソース焼きそばを食べ慣れているヒトが「カレー焼きそば」と聞くと、ソースのかわりにカレー粉を使って炒めた焼きそばかと思うかもしれませんが、このカレー焼きそばは、中華料理の揚げ焼きそばの一種でした。

図2-22
（出典：「婦人倶楽部」1933年11月号付録「家庭向支那料理三百種」、大日本雄弁会講談社）

その名も苛苓炒麺《カーリーチャオミエン》という中華餡かけ揚げそばの一種です。

◆作り方◆

・麺は中華麺の切麺《チエーミエン》を、一人前ずつほぐしてきつね色になるまで油で揚げる。
・カレー餡は、薄切りにした豚肉、椎茸、ネギを油で炒め、スープ、塩、水溶きの片栗粉とカレー粉を加えて煮る。

この図版は、水で溶いた片栗粉とカレー粉を、具材を煮たスープに流し込んでカレー餡を作っているところです。

炒めるタイプのカレー焼きそば（戦後）

料理名：カレー焼きそば
出典：主婦と生活社編『クイック・ピンチ献立』（「カラークッキング」第十四巻）、主婦と生活社、一九七一年

先にみた一九三三年のカレー焼きそばと名前は同じですが、こちらは揚げ麺ではなく、炒めた麺でした。

◆作り方◆

・サラミソーセージ、ニラはともに三センチから五センチの長さに切り、もやしと一緒に油で炒める。
・インスタント焼きそばの麺を大さじ一杯の油で炒め、カレー粉、塩、醤油で味付けする。
・両者を合わせて皿に盛る。

図2-23
（出典：主婦と生活社編『クイック・ピンチ献立』〔「カラークッキング」第14巻〕、主婦と生活社、1971年）

これは本書の焼きそばの項でもふれていますが、同じ「焼きそば」という呼び名であっても、戦前の焼きそばは油で揚げた麺を用い、戦後の焼きそばは油で炒めたものが主流になっています。

中華麺を油脂（ラード、サラダ油）でカリカリに油焼きする（または揚げる）ことを「焼き」と呼んでいた時代から、中華麺を油脂で鉄板（フライパン）焼きすること＝炒めることを「焼き」と呼ぶ時代になっていったということでしょう。

餡かけカレー中華そば

料理名：カレーそば
出典：「主婦と生活」一九五六年十二月号付録「冬のお料理」、主婦と生活社

◆作り方◆

中華麺を使ったカレー中華そばですが、この手の麺類に必須の和風出汁や鶏がらスープなどは使わず、一人あたり百八十ccの水を鍋に煮立てるところから始まります。

・煮立てた水に薄切り牛肉を入れ、塩、醤油、コショウで味付けし、千切り玉ネギを入れる。
・そこに小麦粉とカレー粉の水溶きを加えてかき混ぜ、トロリとさせる。
・これを熱湯で温めた中華麺にかける。

出汁も鶏がらスープも使わず、牛肉と玉ネギを茹でた出汁だけがこの料理のうまみを支えているということで

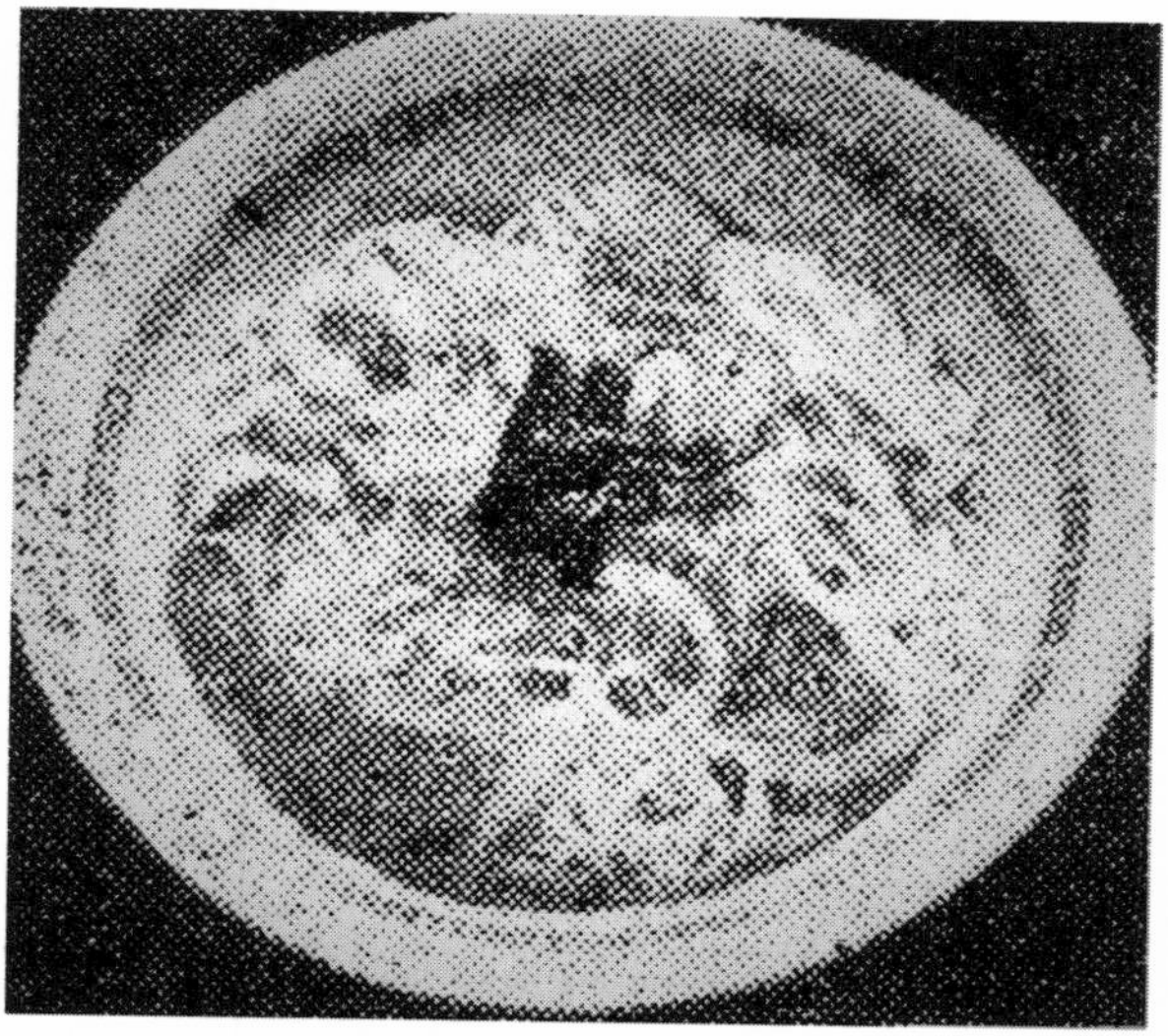

図2-24
（出典：「主婦と生活」1956年12月号付録「冬のお料理」、主婦と生活社）

す。そしてトロリとしたかけ汁の量ですが、水百八十ccで作ってみると、牛肉、玉ネギの具材を入れても一般的な中華丼（直径二十一センチ）の器の底から二センチくらいしかありません。

　そば屋で食べるカレーそば、カレーうどんのようなかけ汁タップリタイプではなく、茹で中華麺の上にカレー味の餡をかけた「餡かけ中華」のようです。これは、どちらかというと、餡かけカレーうどんの中華麺バージョンではないでしょうか。

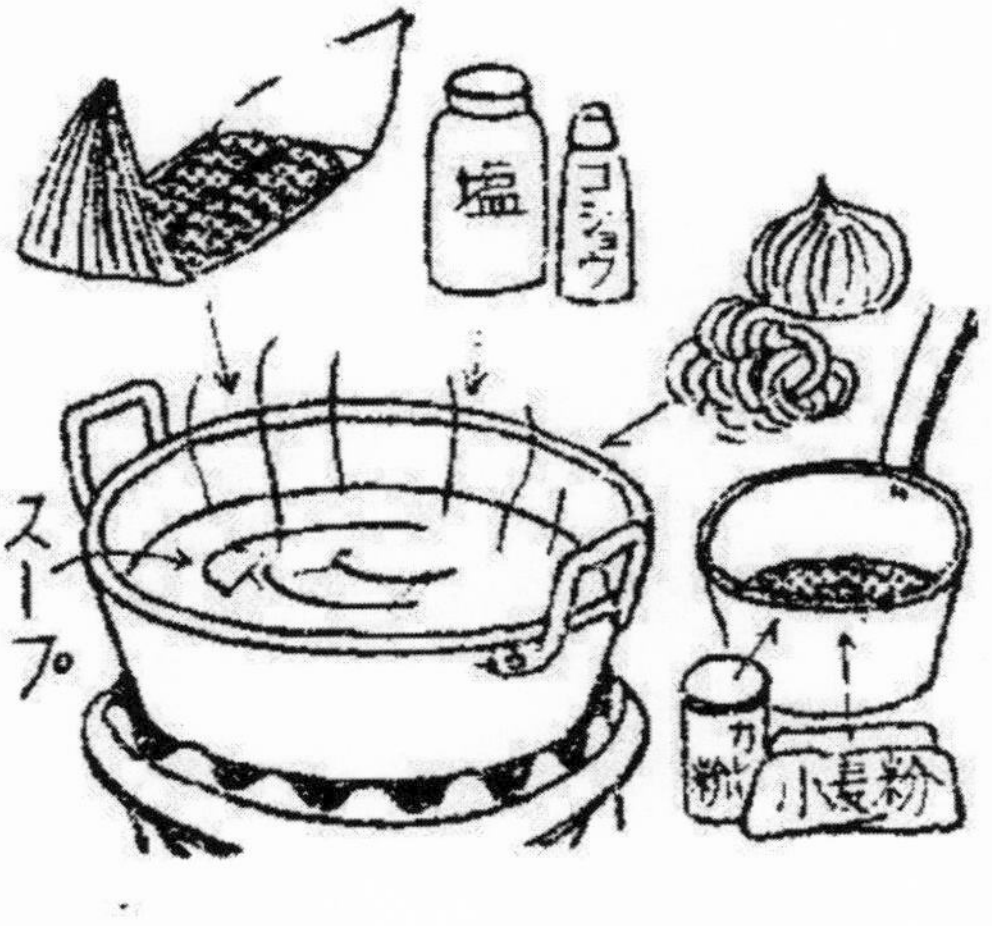

図2-25　かけ汁の作り方がこのようなイラストで紹介されていました
（出典：同付録）

◆検証◆

　レシピに忠実に作りますと、ほとんど汁がない中華麺ができあがりました。正確な表記をするならば「カレー餡かけ中華そば」ってとこでしょか。

　お味のほうですが、レシピどおりに塩、醤油、コショウだけで味を付けますと、コクやうまみがほとんどありません。このレシピを見て試してみた人もいたでしょうが、その後これと似たレシピにはお目にかかっていません。「カレーそば」は日本の家庭料理の特徴である「手に入る食材をあらゆる調理法でおいしく食べ尽くす」精神でトライしていたことは評価できます。結果としてあまりおいしくはなかったから、その後の料理本に登場しなくなったのではないでしょうか。

本格カレー中華そば

料理名：咖哩《カリー》鶏《チイ》麺《ミエン》
出典：主婦と生活社編『とり肉と卵料理』（「カラークッキング」第七巻）、主婦と生活社、一九六八年

図2-26
（出典：主婦と生活社編『とり肉と卵料理』〔「カラークッキング」第7巻〕、主婦と生活社、1968年）

カレー味の中華麺ということではかなり本格的なのが、この咖哩鶏麺でした。

先のカレー中華そばと比較してみましょう。違っているのは、鶏がらスープを三百五十ccくらい使い、鶏肉のぶつ切り、玉ネギ、ニンニクとカレー粉を炒めてスープに入れていることです。これはかなり濃厚な鶏の出汁が出ているし、スープの分量も十分でしたから、実においしかった。

しかし、あえていうなら、これは今日でも食べられている中華料理の一つです。それを料理本で紹介したにすぎません。

スパゲティ的カレーそうめん

料理名：そうめんカレーソース
出典：「主婦と生活」一九五七年八月号付録「安くて栄養豊富な盛夏のお料理」、主婦と生活社

◆作り方◆

・そうめんは茹でて水洗いし、水気を切っておく。
・小麦粉とカレー粉をバターで炒め、スープを加える。
・みじん切りの玉ネギ、ニンニク、生姜、ひき肉もバタ

ーで炒め、先のスープに入れる。
・五ミリ角に切ったニンジン、ピーマン、ざく切りトマトもスープに加えて煮込み、塩、醤油で味付けをする。
・温めたそうめん（バター炒めもいい）の上からカレーソースをかけ、茹で卵などを載せる。

図2-27
（出典：「主婦と生活」1957年8月号付録「安くて栄養豊富な盛夏のお料理」、主婦と生活社）

◆検証◆

麺にかけるカレーソースの作り方は、他のカレーうどんやカレースパゲティとほぼ同じでした。だからこれは麺をうどんからそうめんに代えただけです。しかしうどんやスパゲティよりずっと細いそうめんですから、カレーソースを吸い込みやすく、ぼやぼやしてたら麺が伸びてしまいます。それを防ぐためには、硬めに茹でるか、レシピに書いてあるようにバターで炒めるのがいいようです。

カレー味マカロニグラタン＝鍋焼き

料理名：鍋焼きカレーグラタン
出典：「主婦の友」一九六一年十一月号付録「秋冬毎日のお料理」、主婦の友社

これは……国籍不明日本食の典型ではないでしょか？器は和風の土鍋、麺はイタリアのマカロニ、インド風にカレーのスパイスを効かせたホワイトソースでマカロニを和え、マッシュポテトとチーズをトッピングしてから天火で焼く。いったいどこの国の料理なんでしょか？

土鍋の蓋を取ったときの戸惑いにも似た驚く顔が想像できます。いいとこ取りが上手な日本食ならではの料理だなーと感心してこのレシピの作者は誰かと目をやると、「尚道子」さんではないですか！　尚さんといえば琉球王朝の血を引く、沖縄料理の専門家ですから、外国料理を上手に取り入れるチャンプルー文化はお手のものです。この多国籍スパゲティにも納得しました。国境なき多国籍スパゲティだったんでしょう。

◆作り方◆

・カットマカロニを茹でておく。
・鍋にバターを溶かし、薄切り玉ネギを炒めて小麦粉とカレー粉と加え、牛乳でのばす。
・これに水と皮を剝いてぶつ切りにしたエビ、ぶつ切り鶏肉、薄切り松茸を加える。
・煮立てて、塩、コショウで味を調え、マカロニを加える。
・一人前ずつ土鍋に取り、上にマッシュポテト、パン粉、粉チーズを載せ、天火で焼く。

◆検証◆

図2-28
（出典：「主婦の友」1961年11月号付録「秋冬毎日のお料理」、主婦の友社）

面倒だった。お金がかかった。マカロニを使ったカレーグラタンのためにマッシュポテトを作り、高い松茸を買ってこなければなりません。ホワイトソースを作ったうえに最後は天火できつね色に色づくまで焼きますから、かなり時間がかかります。

それだけ金と時間をかけたのだからおいしくなきゃ困る……のですが、現実は厳しかった。

ホワイトソースで煮て天火焼きにした松茸からは香りがイタシマセン。もったいない。これなら「香り松茸、味しめじ」のとおりに、しめじかマッシュルームを使ったほうがよかったんじゃないだろうか。

自分としてはマカロニ料理のつもりで作ったのですが、マッシュポテトの存在感が強すぎて、ポテトグラタンみたいでした。

しかし、土鍋のなかには松茸入りのマカロニグラタン。一九六一年のニッポンジンは三年後の東京五輪に向けて、お料理の国際化＝グローバル化に励んでいたんだ……と思うしかないでしょぉね。

7　カレー味の麺類のまとめ

カレーうどんに似たカレー風味かけ汁うどんは、明治以前にも存在したのではないかと推測しています。その根拠はというと――。

市販のカレー粉＝数種類のスパイスをブレンドしたガラムマサラを商品化したのはイギリスの会社でした。明治時代初期には「ＣＢカレー」などの名称の缶入りカレー粉がイギリス人によって日本に紹介されています。そのときイギリス人から教わったカレーソースは、「カレー粉と小麦粉を油脂で炒めてカレールウを作り、そのルウをスープ（牛、豚、鶏）でのばして作る」ものでした。

これを習得した日本人は、すぐにスープを和風の出汁に置き換えることを始めるのです。スープ＋塩味だった欧米風を、スープ＋醬油にするのも時間の問題でした。

それには伏線があったのです。

カレーの代表的スパイスの一つであるターメリックは、日本ではウコンと呼ばれ、沖縄ではウッチンと呼ばれます。ウコンは日本では明治以前から香辛料、薬用、染料として使われていました。

骨董屋が高級な焼き物を桐箱に入れるとき、黄色い布（たとう）で包みます。あの布を染める染料がウコンです。

唐辛子やウコンを使ったピリッと刺激がある汁物に、水溶き葛粉でとろみを付ければ治部煮のような汁物ができます。

葛粉でとろみを付けたうどんは葛とじうどん、餡かけうどんとして、風邪をひいたときなどや、冬場には体の温まるご馳走として食べられていました。そのような葛とじうどんに付き物の七味唐辛子が、ウコンの粉に代わってもおかしくはないし、やっていた人もいたのではないでしょうか。

日本人にとってカレーうどんとは、冬場に体を温める葛とじうどんに、ウコンを多めに使ったものだったとも考えられます。

このような下地があって、ターメリックを使ったカレーうどんがすんなり日本人の食卓に溶け込んでいき、和食の代表でもあるようなそば屋でも違和感なく受け入れられたのでしょう。

日本の麺料理が、西洋や中国の調理法を取り入れて変化したのが明治以降のことでした。その変化の過程で、うどんという麺は西洋の麺＝パスタ類、中国の麺＝かん水入りの中華麺の代用品として使われることが多かった。スパゲティ麺をうどんで代用したうどんナポリタンなどがその例ですが、カレーうどんに関しては代用品として使われたのではありませんでした。

カレーうどんは外国の麺料理をまねたものではなく、日本にあった出汁味のかけうどんに、カレー粉という新しい香辛料と肉を使うという、外国の食文化を抱き込んで新たに開発された麺料理だったのです。

コラム　濃縮出汁と和食の出汁文化との違い

ユネスコの無形文化遺産に登録された「和食」の特徴のなかで「和食の出汁文化」が挙げられています。では、どのような出汁がその対象になっているのでしょうか？

よく目にするのが「昆布や鰹節、椎茸などから取った出汁」という表記です。確かに近代の料理本に書いてある「出汁の取り方」にはそれらの出汁材が登場しますから、それらを読んで勉強した人は「日本人は昔からずっとそのような出汁材を使って出汁を取ってきた」……と思い込んでしまう。

しかし、鰹節や昆布のような高級出汁材を使っていたのはごく一部の日本人に限られていました。カビ付けまでした枯節と呼ばれるような高級鰹節は買えなくても、鯖節、ムロアジ節などは安く買えました。それでも、自分で削ることが難しかったため、すでに削ってある削り節を乾物屋で購入していましたから、おいしい出汁が取れる枯節の味を知っている人は少なかったと思われます。

ではそれ以外の日本人は、出汁味という食文化をもっていなかったのか？というと、鰹節や昆布とは違った出汁材を使っていたのです。例えば、魚を煮ればその煮汁に魚のうまみ＝出汁が抽出されます。野菜を茹でてもその茹で汁にはうまみ＝出汁が出る。これらのうまみを出汁として料理に使うのが日本の出汁文化でした。

ただ、これらの出汁は、鰹節や昆布から出る出汁のように濃厚なウマミはなく、薄い淡泊なウマミ＝出汁しか取れなかった。そんなわずかなうまみ程度でも、日本人はうまみ＝出汁としておいしいと感じていた。それに比べたら、鰹節や昆布の出汁によるうまみは天と地との差があったのでしょう。だから高級料理屋とか富裕層の人々は、庶民がハレの日の食に使うくらいふんだんに鰹節や昆布を使っていたというのが実態でした。

そんな出汁の世界に、昆布のうまみ成分であるグルタミン酸だけを昆布以外の原料から科学的に抽出した味の素が出現し、若干のお金を出せば、鰹節を削ったり一番出汁や二番出汁を取る技術などがなくても濃厚な出汁が取れるようになったのです。その後、鰹節のうまみに近いイノシン酸とかグアニル酸を含む化学調味料も次々に開発されていき、鰹節、昆布、椎茸などのうまみ＝出汁がいたってお手軽に使えるものになったのです。

この手の化学調味料は、味の素の特許権が切れてから種類が増えてきます。戦後になると製造方法も変わってきて、名称もうま味調味料になりました。こうして鰹節、昆布などのハレの日的濃厚な出汁味が家庭料理の世界に広まっていったのです。

化学調味料の製造原料や製造方法をめぐって、発がん性などが問題視されはじめたことで、化学調味料・うま味調味料離れが始まり、そうした人々が鰹節や昆布を使った出汁に引かれていきます。そのころの料理関連の書籍には「化学調味料から鰹節や昆布などで出汁を取るかつての和食へ回帰しはじめた」という表記がみられました。

しかしここで間違ってはならないのは、これは化学調味料から鰹節や昆布の出汁に回帰したのではないということです。もともと鰹節を削ったり高級な昆布を使っていた人々なら回帰したという表現も適切でしょうが、先に書きましたように大半の日本人はほとんどそれらを使っていませんでした。だから、ごく普通に家庭料理を作る人々が鰹節や昆布を使って出汁を取るという和食の食文化は、うま味調味料離れが始まった一九七〇年代からのことだと思うのです。

「和食の特徴の一つが出汁味である」

よく耳にする文言ですが、ここでいう出汁味を鰹節や昆布のような濃厚な出汁材を使った出汁味だとすると、その歴史は一九七〇年代から始まった食文化ということになる。

またその出汁味を魚介類や野菜類などを煮たときに取れる薄い出汁味だとするなら、その歴史は煮炊きできる鍋（縄文土器など）が作られたころから続く食文化といえるでしょう。

少なくとも、大半の日本人が家庭料理の範疇で今日のような濃厚なうまみを享受できるようになってから、まだ五十年くらいしかたっていないと考えられます。そのような出汁味を伝統的和食の特徴だとは言えないと思うのです。

料理本に出汁の取り方が出ていたのはなぜ？

大正から昭和の家庭料理本には、料理の基本として出汁の取り方が必ず載っていたのはどうしてなのか？　もしどの家庭でも親から子に出汁の取り方が伝えられていたとしたら、それは「当たり前のこと」なので、家庭料理の本に毎回載せる必要はなかったのではないでしょうか。

鰹節などの出汁を使うとおいしい料理を作ることができる——ということは、人から聞いたり本で読んだりして知識としては知ることができたのが明治時代でしたが、農民や都会に住む庶民にとっては鰹節を使った経験がなかったから、料理本で手取り足取り教える必要があったのだと考えられます。

家庭料理の教本には鰹節の削り方や昆布出汁の取り方も詳しく書いているものの、やってみるとそう簡単にできるものではないことに気づきます。鰹節はうまく削れず、粉になったり鉋の刃がこぼれたりしてうまくいかないのが実情でした。

昆布だっておいしいことはわかるが、その値段の高さにビックリして買うのがためらわれたでしょう。だから味噌汁だって昆布や鰹節などの出汁材を入れないで作る人のほうが多かったのです。

しかし明治の終わりに味の素が発明され、その製造権を買い取った鈴木三郎助（二代）が卓越した広告コピーを使って発売を始めたことで、それまであきらめていたうまみへの扉がいともたやすく開けるようになりました。味の素という白い粉を料理にちょっぴり加えさえすれば、料理の修業をした職人顔負けのうまみをつけることができたのです。

味の素の広告が雑誌や新聞、当時のマスメディアに登場しはじめたのが明治末期からのことです。そしてそのころから婦人向けの家庭料理本が出版されるようになり、昭和に入ると婦人雑誌の付録料理本の時代が始まるのでした。

日露戦争後、外国の料理を家庭で作ることが一般化してきますが、それに拍車をかけたのが味の素の出現だったと考えられます。干したアワビ、フカヒレの乾物などをじっくり煮てうまみを抽出した中華料理なんて、高級中華料理店にでも行かなきゃ食べられないものだったのはもう過去のこと、味の素の一振りでほっぺが落ちそうになるうまみを家庭で作れる時代になったのです。もう時間をかけたスープストック作りも鰹の一番出汁も必要ありません。

こうなると、料理は作らなきゃならないものから楽しく作れるものに変わるんですね。母から教わっていなくても、厳しい修業をしていなくても、みんなが「おいし〜い」と言ってくれる料理が作れるんですもん。こうして、戦前・戦後を通じて近代日本食は、伝統とか修業などとは無関係な素人によって劇的な進化を遂げたのです。

第3章　和風スパゲティの爆発的進化

1　「暮しの手帖」の和風スパゲティ

一九四八年に創刊された「暮しの手帖」（創刊当初の誌名は「美しい暮しの手帖」）は、花森安治という希有な編集者の価値観を反映した雑誌で、インテリ層に支持されていました。

実用面でいうと、家電製品の性能の比較実験や乳母車（ベビーカー）の耐久性比較実験などを繰り返して、生活者に科学的な暮らしのデータを提供したり、文化面では当時の文化人たちの随筆（エッセー）を毎号載せていました。

そんな「暮しの手帖」第六十号（一九六一年）で取り上げられたのが、スパゲティの日本的料理法の比較実験でした。

明治から戦前までの料理本で紹介されていたスパゲティ料理のほとんどは、「どのように本場のスパゲティをまねるか」に重点を置いていて、うどんやきしめんをスパゲティ風に調理する方法というものでした。

それに対して「暮しの手帖」では、欧米産のスパゲティ麺を日本料理の調理法で食べてみようと提案していたのです。今日われわれが目にする和風スパゲティの源流を思わせるようなスパゲティがたくさんありますので、六十年後の今日、検証してみましょ。

「暮しの手帖」の企画ページの冒頭にはこうありました。

スパゲチにも、いつの頃からか、きまった料理法が、いくつかあります。それをおもいきって破ってみようというわけです。たくさんの試作のなかでいくつか新しいおいおいしい料理法がみつかりました。この冒険は、どうやら成功したようにおもいます。

うなすぱ

料理名：うなすぱ

出典：「暮しの手帖」第六十号、暮しの手帖社、一九六一年

決まった料理法を破ったスパゲティとしてまず取り上げたいのが、このうなすぱです。

写真を見ると太めの冷や麦と、なにやら具が入ったつけダレ——に見えますが、この麺は茹でて冷やしたスパゲティの麺です。

◆作り方◆

図3-1
（出典：「暮しの手帖」第60号、暮しの手帖社、1961年）

・つけダレは、みりんカップ二分の一を煮切ったところに、醤油カップ二分の一、出汁カップ二・五を入れて煮る。

・一口大に切った鰻のかば焼きを加えて、中火で十分くらい煮る（かば焼きのタレがあればここに入れて煮る）。

つけダレはみりんと醤油が１：１になっていますが、市販のかば焼きについているかば焼きのタレを加えると甘味が増してきて、ちょっと甘辛いこってり味のつけダレになりました。

鰻好きのニッポンジンならではのつけダレですが、かば焼き入りのつけダレで食べる冷やしスパゲティという献立をそば屋、鰻屋で見たことは残念ながらありません。やっぱり日本人にとって鰻のかば焼きは冷たくして食べるよりアツアツを食べるほうが向いていたので、このような食べ方は普及しなかったのではないかと思われます。

かやくすぱ

料理名：かやくすぱ
出典：「暮しの手帖」第六十号、暮しの手帖社、一九六一年

このコンセプトは「スパゲチの麺を使い、入れる具にはこだわらず、日本のかやくうどんを中華風に仕立てる」だそうですから、日本と中国とイタリアの麺料理の合体、グローバル化だったのでしょう。

この「かやくすぱ」は、普通のかやくうどんのように出汁を取るということをしていません。

◆作り方◆

・かけ汁＝一センチ角に切った豚肉、椎茸、キュウリ、刻みネギとキクラゲをラードで炒め、塩、醤油、お湯を注いで煮立てる。

図3-2
（出典：「暮しの手帖」第60号、暮しの手帖社、1961年）

かけ汁はいかにも中華料理っぽいですが、そのかけ汁で食べるのがスパゲチの麺。なんだか無理やり日中伊を合体させたな……という感じがするこの「かやくすぱ」、案の定、妙なバランスでした。そもそもスパゲティの麺はソースをからめて食べるものであって、かけ汁を染み込ませて食べるものではありません。かけ汁（出汁）を吸い込みにくい麺であることは、誰でも経験ずみだと思います。

しかし、かやくうどんはある程度かけ汁が麺に染み込まないとおいしくはない。出汁味が染み込んでいないスパゲティの麺は、食べてもあまりおいしくない。麺の表面についた味だけでおいしく食べようと思ったら、ミートソースのような濃厚なソースが必要になります。

このかやくすぱをかやくうどん並みにおいしく食べるためには、使用するスパゲティの麺を、腰が弱くて汁を吸い込みやすいうどんのような麺にしなければなりません。それに適したスパゲティの麺はというと、一九六〇年代の学校給食でよく使われたソフト麺が挙げられます。本場イタリアのデュラム小麦で作った腰が強い麺のアルデンテには向いていませんでした。

じゃあじゃあめんふう

料理名：じゃあじゃあめんふう

出典：「暮しの手帖」第六十号、暮しの手帖社、一九六

図3-3
（出典：「暮しの手帖」第60号、暮しの手帖社、1961年）

一年

◆作り方◆

・細かく切った豚肉と玉ネギをラードで炒める。
・醤油：酒：出汁＝１：５：１：２と、砂糖と水でゆるめた仙台みそを加えて煮る。
・煮上がったら火を止めて、味の素、ごま油で仕上げる。
・これを茹でたスパゲティの上にかけ、薄切りキュウリの砂糖みそ和えを添える。

これは「うなすぱ」のようなつけダレタイプでもなく、「かやくすぱ」のようなかけ汁タイプでもありません。スパゲティ・ミートソースを中華風のみそにくソースに代えたものですから、麺にソースがよくからんでおいしく食べられました。

ただ、スパゲティと思って食べると甘すぎですが、中華と思えば納得の味でした。しかしあえていうならば、中華にしては麺の腰が強すぎです。やっぱり中華にはかん水を使った黄色い麺が向いているようです。

なすトマト載せ

料理名：なすトマト載せ
出典：「暮しの手帖」第六十号、暮しの手帖社、一九六一年

◆作り方◆

・薄切りにしたナス、トマトをたっぷりの油で炒め、塩、

図3-4
（出典：「暮しの手帖」第60号、暮しの手帖社、1961年）

図3-5　もりすぱ（もりそば風）
（出典：「暮しの手帖」第60号、暮しの手帖社、1961年）

図3-6　ひやしたぬきふう
（出典：同誌）

図3-7　白ソースかけ（ホワイトソースかけ）
（出典：同誌）

図3-8　りゃんめんふう（冷やし中華風）
（出典：同誌）

醤油、日本酒で味付けをする。

・やや硬めに茹でたスパゲチを加えて五、六分炒め、最後に塩加減する。

これは全く違和感なく食べられました。たっぷりのオリーブ油と刻んだニンニクを使って炒めるこのタイプのスパゲティは、今日でもメニューに載せているお店が多いと思われます。ちょっとラタトゥイユにも似たようなパスタで、和風とか日本風というよりエスニック風というのでしょうね。

「暮しの手帖」第六十号のこの企画で取り上げられていた、その他の変わりスパゲティの写真だけを並べてみましょう。

これらが写真入りで紹介されていましたので、すべて作って食べて感じたことは、

・スパゲティの麺に「かけ汁」「つけ

汁」は合わない、
・麺に味を染み込ませるのでなく、味をからめる料理（ドロリとしたソース）が向いている、
の二点でした。

当時はまだパスタ用の麺の特性がよく理解されていなかったのか？　それともこの企画自体がある種「奇をてらったもの」だったのか？　六十年前のことですからいまとなってはよくわかりませんが、二十一世紀のいま、実際に作って食べてみた感想です。

図3-9　やきすぱ（塩味の中華炒めそば風）
（出典：同誌）

「壁の穴」の和風スパゲティ

出典：『スパゲッティとマカロニ』（「マイライフシリーズ」第二十巻）、グラフ社、一九七三年

図3-10
（出典：『スパゲッティとマカロニ』〔「マイライフシリーズ」第20巻〕、グラフ社、1973年）

戦後の日本風スパゲティを代表する店といえばなんといっても「壁の穴」でしょう。一九五三年に「Hole in the wall」という名前で誕生したこの店のことはあまりに有名なのでここではふれませんが、「壁の穴」こそが日本風スパゲティを積極的に開拓したパイオニアだったのです。

一九六一年の「暮しの手帖」による和風スパゲティ特集も、「壁の穴」に触発されたものかもしれません。七三年の料理本『スパゲッティとマカロニ』でも、本場の調理法とは別に「壁の穴」のページを設けていたほど「壁の穴」の和風スパゲティはすでに定着していたのです。

2 「和風」スパゲティの模索

「壁の穴」や「暮しの手帖」などによって広まっていった和風スパゲティはその後ますます和食の世界に切り込んできて、お正月のおせちにもスパゲティが登場したのでした。

おせちスパゲティ

料理名：おせちスパゲティ（おせち酢の物盛り）
出典：「味の手帖」一九七一年一月号、新生社

◆作り方◆

・茹でたスパゲティは、つけ汁（酢、塩、砂糖、サラダ油、コショウ）で和えて下味を付ける。
・酢で湿らせた細切り昆布でスパゲティを結ぶ。
・菊花に切ったニンジンと大根を塩で締めたあと、つけ汁につけて味を染み込ませる。
・これらを器に盛り付け、柚子の細切りを散らす。

◆検証◆

ちょっと不気味ではありましたが、一応やってみました。

「洋風おせち」とか「中華おせち」というものはすでに戦前の料理本にもたくさんありまして、それまでのおせちにはみられなかった焼豚《チャーシュー》やハム、揚げ物などが使われていました。つまり洋風料理、中華料理をそのままおせち料理、または重詰めに加えるというパターンでしたが、

図3-11
(出典：「味の手帖」1971年1月号、新生社)

このおせちスパゲティは違います。スパゲティという西洋の食材を西洋風の料理にするのでなく、日本風の料理にアレンジしています。

レシピにあるつけ汁は「酢＋砂糖＋塩」。だったら和食の甘酢みたいですが、サラダ油とコショウを加えていますから、若干フレンチドレッシング寄りの甘酢ですね。これを染み込ませたスパゲティを「酢で湿らせた昆布で結ぶ」ところがまた和風なんですが……。実際のところ、酢で湿らせた程度では、昆布は硬くて食べられませんでした。

それよりなにより、この甘酢を染み込ませたスパゲティの歯切れの悪いこと。アルデンテとはほど遠い、ぼそっとした食感になるのでした。

レシピの最後のところに＊印付きで「スパゲティは食べる直前に和える」と書かれてはいましたから、レシピを考案した人はフレンチドレッシングで和えたマカロニサラダのようなものを提案したかったのでしょうが、和えてすぐでも麺が吸い込んでしまうのでした。

まぁ多少まずくてもおせちは年に一度しか食べませんから、見た目の斬新さだけで選んだのかもしれませんね。しかし、日常の家庭料理ってことになるとそうはいきません。おいしく飽きずに食べ続けられるような和風スパゲティでなけりゃなりません。そこで必然的に登場してきたのが、日本人が慣れ親しんできたおしんこや納豆をからませたスパゲティだったのです。

おしんこスパゲッティ

料理名：おしんこスパゲッティ
出典：「婦人生活」一九七三年七月号付録「夏のおかずとサラダ・スパゲッティ」、婦人生活社

◆作り方◆
・スパゲッティ七十五グラムを茹でて、茹で上がりを醤油とごま油（同量）で和える。
・沢庵二十五グラムの薄切りを、さらに縦の千切りにする。
・キュウリ四分の一本の薄切りも縦の千切りにし、揉んで水気を搾り取る。
・これらに黒ごまを混ぜて器に盛る。

◆検証◆
これは「納豆スパゲティィ」と互角に渡り合えるくらいのニッポン度を備えたスパゲティでした。

図3-12
（出典：「婦人生活」1973年7月号付録「夏のおかずとサラダ・スパゲッティ」、婦人生活社）

エスニック料理とか無国籍料理なんていうジャンルがまだなかった時代に、沢庵をふんだんに使ったおしんこスパゲッティは「ナニ？コレ」だったでしょう。いま、

このレシピを見ただけのヒトにはピーンとこないと思いますが、七十五グラムのスパゲティに対して二十五グラムの沢庵を使うということがどんなことなのか、想像してみてください。

麺：沢庵：キュウリ＝3：1：1という比率です。一口ほおばると口のなかの約五分の一は沢庵なのです。しかも味付けは塩とかバジルソースとかじゃなく、和食の王道たる醬油ですもん。うどんを食べるならともかく、これでスパゲッティを食べるというのですからちょっとブキミではありました。

これをおいしいと感じるか、まずいと感じるかは個人の感想ですが、私としては茹でたてのアツアツではなく十分に冷ましてから作れば、サラダスパゲッティとして受け入れられるような気がします。実際のところ、十分に冷ましてからサラダとして食べたほうがおいしく食べられましたから。

このおしんこスパゲッティが本で紹介されたのが一九七三年ですから、もう半世紀前のことです。現在でしたらパスタをキムチで和えるくらいどこでもやっているし、沢庵や梅干し味のパスタだって珍しくありません。六〇年代から七〇年代の和風スパゲッティは、戦後に急速に普及して和食を駆逐していた洋食に対抗して生まれてきたとも考えられます。「西洋かぶれせずに、日本の文化を見直そう」みたいな、ディスカバージャパンの一環だったのかもしれません。

酢みそスパゲッティ

料理名：酢みそのスパゲッティ

出典：「婦人生活」一九七三年七月号付録「夏のおかずとサラダ・スパゲッティ」、婦人生活社

◆作り方◆

- 錦糸卵を作る。
- 紫蘇の葉を細切りにする。
- 鶏の手羽肉に塩、酒、生姜汁で下味を付け、十五分蒸して冷ます。
- 赤味噌、みりん、酢、砂糖、溶きがらしを鍋に入れて弱火で練り、酢味噌を作る。
- 茹でたスパゲッティを水で冷やし、ごま油をまぶす。

これらを器に盛り付けると写真のような酢みそスパゲッティになります。

図3-13
（出典：「婦人生活」1973年7月号付録「夏のおかずとサラダ・スパゲッティ」、婦人生活社）

◆検証◆

これは厄介なスパゲッティですな。ま、警察の鑑識課の職員になったつもりで「酢みそスパゲッティ」を鑑識してみます。

酢味噌＝レシピによると赤味噌百グラム、みりん三十cc、砂糖十五cc、酢五十cc、溶きがらし二・五cc——。このとおりに作りますと、かなり甘味が強い酢味噌になりました。

錦糸卵＝これは酒と塩で味付けした卵の薄焼きを細く切ったものですから、甘くないタイプでした。

鶏手羽肉＝これも酒と薄い塩味で下味を付けて蒸したあと、冷まして薄切りにします。

麺＝スパゲッティの麺を茹でたあと冷水で冷まし、水気を完全に切ってからごま油をまぶしましたから、そのままだと中華スパゲッティという感じです。

正確にいうと「冷やし中華の麺をパスタにして、酢醤油のタレを和風の酢味噌に代えた冷たいパスタ」ってとこでしょか。

スパゲッティのソースに味噌を使うこと自体はいいと思います。味噌がもつうまみ、しょっぱさ、わずかな甘味などは、和洋中、いずれにもよくマッチすると思いますが、酢味噌、それも甘味が強い酢味噌というのはちょいと無理がある。

これは付け合わせ的に用いるサラダ向きのお料理ですから、料理本のサラダ料理の欄で紹介する料理でしょうね。

ちなみにこの酢味噌スパゲッティと一緒に紹介されていたスパゲッティには、「塩鮭と紫蘇のスパゲッティ」とか「中華肉団子スパゲッティ」などの国籍不明スパゲティが並んでいました。そのラインアップのなかに「たらこスパゲッティ」「なめこスパゲッティ」「うにスパゲッティ」など、今日ポピュラーになってるものもいくつかありましたから、先見の明も少しはあったのでしょう。

納豆スパゲッティ

料理名：納豆スパゲッティ
出典：「奥様手帖」一九七二年四月号、味の素サービス

出るべくして出てきた純和風スパゲッティですが、意外にも婦人雑誌付録料理本ではあまり見かけませんでした。納豆うどんとか納豆そうめん、納豆そばなどは戦前からよくみられましたが、スパゲッティは珍しい。味の素サービスから出版されていた「奥様手帖」で紹介されていたレシピを要約してみます。

◆作り方◆

・茹で上がったバルミセーリ（細目のスパゲッティ）を

図3-14
（出典：「奥様手帖」1972年4月号、味の素サービス）

皿に盛る。
・包丁で刻んだ納豆に卵、醤油、塩、複合調味料（「いの一番」など）を加えて麺にかける。
・もみ海苔やみじん切りのネギを散らす。

◆検証◆

日本のスパゲッティをソースの形態で分類すると、麺の上にソースをかけるミートソースのようなタイプと、麺全体をソースで和えるナポリタンのようなタイプとに分けられます。この納豆スパゲッティは、前者の麺の上に納豆ソースをかける方法を選んだのがよかったと思います。

納豆ソースの味付けは、卵＋醤油＋塩＋複合調味料でした。これは納豆をご飯にかけて食べるときと同じ組み合わせです。ご飯のときはこれを白米と均一に混ぜて食べますが、スパゲッティで同じようにしますと味が薄くておいしくない。スパゲティ麺を納豆ソースでおいしく食べようとすると、ご飯のときの味付けより相当濃い味にしなければ、味が薄くて物足りないのです。

しかし、そこまで醤油を増やすと、醤油が染み込んだスパゲッティ麺が醤油臭くてなんともちぐはぐな味になりました。

それが、この写真のように麺の上にドロッとソースをかける方法で食べますと、ソースと麺が口のなかで合体する「口中調味」状態になる。まるで刺し身に醤油をつけて口に入れると、口のなかで味が合体するのと同じでした。

これはざるそばにもいえますね。そばつゆはかなり濃い味ですが、そばをちょこっとつけて食べると口のなかでうまいこと調和しますでしょ。濃い味のそばつゆでもざる一枚食べ終えたところで、摂取した塩分量はたいした量ではない。だから喉も渇かない。もしこの濃い味が最初からそば全体にまぶされていたとしたら、食べ終わったときに喉が渇くでしょうね。

スパゲッティの味付けも同じことで、ナポリタンのように麺全体に味を付けるのではなく、納豆ソースにだけ味を付けるほうがおいしく、喉も渇かずに食べられたのです。そういう意味では本章で紹介した「おしんこスパゲティ」のように麺全体に味を付ける食べ方よりも優れていたともいえるでしょう。

今日では納豆スパゲッティも結構普及してきましたが、そのほとんどがこの写真のように麺の上に納豆ソースをかける状態になっていて、このソースを麺に少しずつからめながら食べているようです。

スパゲティの和風化——ゆでたてに合うもの一覧表

ゆでたてに合うもの一覧表
出典：『スパゲッティとマカロニ』（「マイライフシリーズ」第二十巻）、グラフ社、一九七三年

一九七三年に刊行された料理本『スパゲッティとマカロニ』（グラフ社）には、イタリア料理からかけ離れたスパゲッティが多数紹介されていました。六一年の「暮しの手帖」で和風スパゲッティが紹介されてから十二年後、日本独自の和風スパゲッティがだんだん認知されてきたのでしょう。それでも人々には「スパゲッティといえばケチャップとか、チーズとか使わなきゃ……」という固定観念がありました。そのような人々に「もっと自由な発想でいいんですよー」と言いたかったのではないでしょうか。

紹介されている「ゆでたてに合うもの」一覧表

たらこ、トロロイモ、しらすぼし、とろろこぶ、葉唐辛子、サクラエビ、刻み昆布、おしんこと卵黄、いかと卵黄、うにとカマボコ、しそ（ゆかり）

どれをみても純和風食材です。今日これらを使ったパスタがごく当たり前のように食べられていますが、それらのルーツはだいたいこの時代に始まったものだったのです。

この本が発売されたのと同じ年の「婦人生活」七月号付録「夏のおかずとサラダ・スパゲッティ」にも、この一覧表にある食材を使ったスパゲッティが載っていました。それが先に紹介した「おしんこスパゲッティ」など

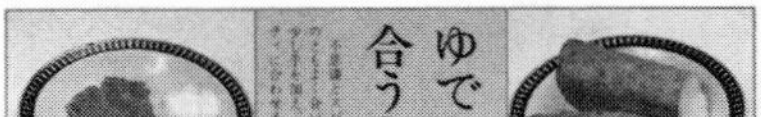

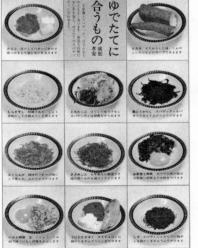

図3-15
（出典：『スパゲッティとマカロニ』〔「マイライフシリーズ」第20巻〕、グラフ社、1973年）

でした。

3 スパゲティ中華風

冷製ゆで豚スパゲッティ

料理名：ゆで豚の中華風スパゲッティ
出典：「婦人生活」一九七三年七月号付録「夏のおかずとサラダ・スパゲッティ」、婦人生活社

ゆで豚の中華風スパゲッティが紹介されていたのは「婦人生活」一九七三年七月号付録「夏のおかずとサラダ・スパゲッティ」でした。タイトルに「サラダ・スパゲッティ」と謳っているだけあって、これはスパゲッティというよりは中華サラダと言ったほうがいいようなものです。

ただ、普通のサラダと違っているのは、この一皿でおなかいっぱいになるくらいのボリュームがあるサラダだということです。

◆作り方◆

・まず、茹で豚を作る。鍋に豚ロースの塊とネギ、生姜、ひたひたの水を入れて二十分から三十分茹でてそのまま冷まし、薄切りにする。

図3-16
（出典：「婦人生活」1973年7月号付録「夏のおかずとサラダ・スパゲッティ」、婦人生活社）

・タレを作る。醤油、酒、砂糖、ネギ、ニンニク、生姜を鍋で半量に煮詰め、すりごまと辣油を加える。
・茹でたスパゲッティを水で冷まし、ごま油で和え、皿に盛る。
・薄切りのキュウリ、茹で豚を盛り付け、タレをかける。

◆検証◆

スパゲッティの麺を使っているから、「スパゲッティ」と呼んでもおかしくはない。生姜風味の茹で豚にニンニクや辣油の入ったタレがかかっているから中華風でもあります。しかし、食べてみて「スパゲッティを食べた」という気がしないのはなぜなんだろう？というのが正直な感想でした。

これがキュウリと茹で豚とタレだけだったら「中華のお惣菜ですね」ですみます。なんでわざわざパスタを加えなきゃならなかったのか？

この組み合わせがとんでもなくおいしいものだったら本で紹介する価値はありますが、冷たいスパゲッティにこのような中華風のタレや茹で豚はなじまないように感じます。

この本を作った編集者や、レシピを頼まれて書いた料理研究家の「何か変わったスパゲッティを紹介したい」という気持ちが作り出した料理であると考えるのが妥当でしょう。茹で豚とキュウリだけを中華タレで食べ、残ったボソボソのスパゲッティは炒め直し、ナポリタンにして食べました。

餡かけスパゲッティは一九七三年生まれだった

料理名：スパゲッティの餡かけ
出典：『スパゲッティとマカロニ』（「マイライフシリーズ」第二十巻）、グラフ社、一九七三年

・スパゲッティの麺は茹でたあとサラダ油で炒め、塩、コショウしておく。
・餡は、水気を切った蟹缶、タケノコと椎茸の千切り、ネギの小口切りなどをニンニクで香り付けしたサラダ油で炒める。

ここまでしか書かれていないので、餡のとろみはどうやってつけるのかが不明です。

実際にやってみたときは、蟹缶から蟹の身を取り出したあとに残った汁に水を少し足し、片栗粉を溶いてサラ

図3-17
（出典：『スパゲッティとマカロニ』〔「マイライフシリーズ」第20巻〕、グラフ社、1973年）

ダ油で炒めた具にかけて餡を作ってみました。食べてみると餡かけ揚げ焼きそばの餡みたいでもあり、八宝菜のようでもありましたから、イタリア料理というよりは中華料理に近づいているような感じのスパゲッティでした。

以上、冷たい中華風スパゲッティと、温かい中華風餡かけスパゲッティでしたが、次の二つは冷やし中華風スパゲティの部類に入るものでした。レシピは省きますが、このような冷麺風にするときには、茹でて冷ました麺にサラダ油をまぶしておけばすこぶる食べやすくなるということだけ補足しておきます。

料理名：鶏みそスパゲッティ
出典：「婦人生活」一九七三年七月号付録「夏のおかずとサラダ・スパゲッティ」、婦人生活社

料理名：青じそスパゲッティ
出典：「婦人生活」一九七三年七月号付録「夏のおかずとサラダ・スパゲッティ」、婦人生活社

図3-18
（出典：「婦人生活」1973年7月号付録「夏のおかずとサラダ・スパゲッティ」、婦人生活社）

図3-19
（出典：同付録）

4　スパゲティ弁当の登場

昭和の料理本には「お弁当」という項目がよくみられます。「主婦之友」「婦人倶楽部」「婦人之友」各誌の料理欄でも、年に数回はお弁当特集がありました。

当時の学校や保育園（幼稚園）に通う子供向けの弁当でした。すべての学校と保育園に給食があるわけではなかったので、子供がいる主婦にとって、お弁当作りは重要な家事の一つだったのでしょう。

日本の場合、お弁当の中身の大半はご飯が占めていて、おかずが入る面積は全体の二〇パーセントくらいというのが一般的でした。ただ、一九四一年（昭和十六年）の日米開戦あたりからは、「節米」という国策のため、ご飯のかわりに芋類やうどんも使われるようになりますが、そのような代用食弁当も終戦後までのことでした。

やがて食糧事情がよくなってくると、ご飯中心の弁当が復活してきますが、今度は代用としての麺類でなく、嗜好（お子ちゃまの好み）として麺類を使うようになりました。それがケチャップをたっぷりからませた甘～いスパゲティだったのです。

主食兼副食のスパゲティ弁当

料理名：スパゲティ弁当
出典：「主婦の友」一九六六年五月号付録「若奥さまのためのおいしい経済料理」、主婦の友社

◆作り方◆

・茹でたスパゲティに、塩、コショウ、化学調味料、サラダオイルをからめる。
・ベーコンと玉ネギを細かく切って油で炒め、スパゲティを混ぜてケチャップで味付けをする。
・炒めたウインナーソーセージと茹で卵、レタスやキュウリなどのサラダを添える。

◆検証◆

レシピの冒頭に、「のびざかりの男の子なら、これをおかずにして、主食にパンを買えばいいでしょう」と書いてありました。このレシピは中高生のためのお弁当というコンセプトで書かれていましたから、このスパゲティ弁当と学校の購買部で買った菓子パンでお昼ご飯――という意味でしょうね。つまり、このスパゲティ弁当は、主食というよりはおかずだったんですね。スパゲティをおかずにして主食のパンを食べるという、焼きそばパンにつながるような食べ方をしていたのです。

図3-20
（出典：「主婦の友」1966年5月号付録「若奥さまのためのおいしい経済料理」、主婦の友社）

スパゲティミートソース弁当

料理名：スパゲティミートソース弁当
出典：主婦と生活社編『おべんとう』（「カラークッキング」別巻一）、主婦と生活社、一九六八年

◆作り方◆

・茹でたスパゲティにサラダ油をからめておく。
・玉ネギ、ニンニク、ひき肉、固形スープの素、ケチャップ、水、塩、コショウを煮詰めてミートソースを作る。
・容器に麺とミートソースを入れ、粉チーズと刻みパセリを振りかける。

◆検証◆

なんてことはありません、当時としては標準的なミートソースの作り方です。

玉ネギとひき肉に固形スープの素とケチャップ、仕上げは粉チーズとパセリ、これが家庭料理的ミートソースの典型でしたから、お弁当を作るというよりは、晩ご飯の残りを翌日のお弁当に詰めた——とみることもできます。時間がたっても伸びにくいスパゲティ麺ならではの弁当利用だったのです。

図3-21
（出典：主婦と生活社編『おべんとう』〔「カラークッキング」別巻1〕、主婦と生活社、1968年）

スパゲティランチ

料理名：スパゲティランチ

図3-22
（出典：主婦と生活社編『おべんとう』〔「カラークッキング」別巻1〕、主婦と生活社、1968年）

出典：主婦と生活社編『おべんとう』（「カラークッキング」別巻一）、主婦と生活社、一九六八年

◆作り方◆
・スパゲティは茹でて冷まし、フレンチソースで和える。
・みじん切り玉ネギとひき肉をバター、ケチャップ、ウスターソースで炒めてミートソースを作る。
・麺とソースは別の容器に入れ、ソースには裏ごし茹で卵（黄身）を、麺には輪切りのオリーブを載せる。
・別の容器に野菜サラダとポテトチップスを詰める。

◆検証◆
これは「おべんとう」ではありますが、一九六〇年代に少年期を過ごした自分としては、お金持ちの子供が持ってきていたハイカラ弁当という記憶が残っています。

これと同じような弁当を、一九六九年に母校である北九州市立戸畑中学校で目撃しました。この「スパ弁」を持ってきていたのはピアノ教室にも通い、父親のことを「パパ」と呼ぶお金持ちの家の娘さんでした。

こちとらの弁当箱はアルマイト製の分厚い「ドカベン」でしたから、彩り鮮やかなタッパーウエア三個に分けて詰められたスパゲティ弁当は衝撃的でした。私たちは「お姫様のランチボックス」と呼び、羨望のまなざしで眺めていました。体育会系の女子たちは「あーんな弁当で、おなかすかんと?」と心配しとりました。今日も続くデコ弁の走りだったのでしょう、作ったママの意気込みが伝わるようです。

スパゲティべんとう

料理名：スパゲティべんとう
出典：「主婦の友」一九六九年十二月号付録「魚料理・おべんとう一五〇種」、主婦の友社

スパゲティは子供たちの好物だから、ときどき登場させよう。しかしっ、いろいろ目先を変えよう――というのがコンセプトですから、使う食材も定番の玉ネギとひき肉でなく、玉ネギとコンビーフになっていました。定番材料のひき肉は炒めてマッシュポテトに混ぜています。

また、これも定番の茹で卵ですが、そのまま使うのでなく、ウスターソース＋ケチャップ＋醬油で煮込んだ味卵が使われています。確かに「目先を変えて」いました。

◆作り方◆

スパゲティミートソース弁当

料理名：スパゲティミートソース弁当
出典：「主婦の友」一九六九年十二月号付録「魚料理・おべんとう一五〇種」、主婦の友社

図3-23
（出典：「主婦の友」1969年12月号付録「魚料理・おべんとう一五〇種」、主婦の友社）

図3-24
（出典：「主婦の友」1969年12月号付録「魚料理・おべんとう一五〇種」、主婦の友社）

・茹でたスパゲティを、すぐにサラダ油で炒めておく。
・ミートソースは定番の玉ネギ、ひき肉、ニンジンに小麦粉を加えて炒め、スープでのばす。
・これを二つに分け、ケチャップ味とカレー味のミートソースを作る。

◆検証◆

ついにダブルソースの時代になったのです。

写真の真ん中のソーセージで、ケチャップ味とカレー味が分けられています。

このころから、弁当箱にアルミホイルが使われるようになるみたいです。レシピのリード文には「ぜひあたたかいお弁当を」と書かれ、レシピには「使い捨てのアルミ箔の器など、そのまま温められるようなお弁当箱にスパゲッティを入れ」と書いてありましたが、いったい何を使えば「そのまま温められる」のか、不明です。一九六九年ですから電子レンジはまだ普及していませんし、仮にあったとしてもアルミホイルは電子レンジ不可です。温かい弁当用の保温弁当箱「ランチジャー」が出回り始めたのもこのころですから、温かい弁当が注目されていたのでしょうね。

5　スパゲティ弁当の時代、終わりの始まり

スパゲティ弁当が料理本で取り上げられていたのは一

九六〇年代でした。かつてのような米のかわりに麺類を使うというコンセプトでなく、子供の好物だからスパゲティを使っていました。また、他の麺と違って、作り置きしても伸びたりしないし、劣化しにくいことから、前もって作り置きすることができたのも、弁当に用いられた理由ではないかと推測されます。

　しかし一九七〇年の大阪万博以降、外国の食文化がそれまで以上に広まっていき、スパゲティは珍しいものでもご馳走でもなくなっていきます。

　早い話がスパゲティは飽きられたのではないでしょうか。

　その後、お弁当に占めるスパゲティの立ち位置は「添え物」として弁当箱の隅っこに押しやられていきます。直径三センチくらいのアルミカップにちょこっと入っているスパゲティ、もはやそのスパゲティがケチャップ味だったのか、マヨネーズ和えだったのか、覚えていないくらいの存在になったのです。

　最後にみていただくのが、一九七〇年の料理本に出ていたお弁当スパゲティ・マカロニです。だんだんスパゲティやマカロニが添え物化していく、過渡期のものと考えられます。

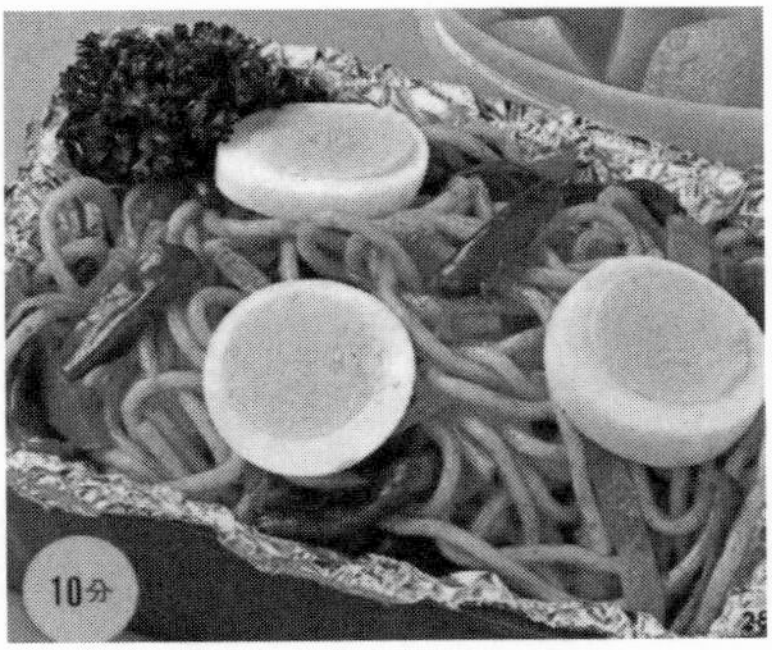

図3-25　ナポリタン弁当
（出典：「主婦の友」1970年4月号付録「おべんとう一五〇種」、主婦の友社）

図3-26　マカロニサラダ弁当
（出典：同付録）

コラム　洋食の巨匠・田中徳三郎とスパゲティ

田中徳三郎は、帝国ホテルで料理の道に入ったのが一九一二年ごろといわれます。その後二九年からフランスで料理を修業、戦後は東京会館の調理部長やフランス料理の指導にあたるなど、日本の西洋料理の普及に尽力した人です。

その田中徳三郎が戦後に書いた本から、麺類に関する部分をいくつかみてみましょう。

マカロニとは？　スパゲティとは？

一九五五年刊行の『フランス料理』下巻（光生館）では、マカロニがこのように説明されていました。

マカロニ（洋うどん）

穴のあいたもの、細いものもマカロニと総称する。しかし普通は穴の開いたものをいう。茹で方は一リットルの湯に対し、十グラムの塩を入れる。時間は十二ないし十八分で。強火からストーブの端に引き、フタをして六ないし八分間おくと十分にふくらむ。水に入れて冷まし、水をよく切って用いる。

マカロニとは何かを説明するときに、「穴のあいたもの」は今日でも通じますが、「細いものもマカロニ」というのは、現代人からみるとよくわからない。

細いパスタといえばカペッリーニとかフェデリーニを思い浮かべますが、それらのことではなく「太めの穴開きマカロニよりは細い、いわゆるスパゲティのこともマカロニと総称する」という意味だと解釈しました。

そして、もう一つ読み取ることができるのは、茹で上がったら水に取って冷ましているということです。これは田中徳三郎にかぎらず、この当時の料理本に登場するプロの料理人たちに共通していました。このあたりは日本料理のうどん、そうめん、そばの茹で方と共通しています。ちなみに「ストーブ」は竈、コンロ、天火が一体化した調理用の器具のことで、暖房用のストーブではありません。

一方、スパゲティの説明はどうだったのか、ちょっとみてみましょう。

スパゲッティ（細い洋麺）
マカロニと同じように調理する。

なんとスパゲティの説明はこれだけでした。これはマカロニという大きなくくりのなかの一部分に、スパゲティという細い洋麺の分野があるという認識だったからでしょう。

確かに、戦前までの料理本をみると、スパゲティという表記よりマカロニのほうが多かった。スパゲティと書かれるようになるのは昭和に入ってからで、それ以前はスパゲティを使っていても料理名は「マカロニ」になっていました。

茹で方について

田中徳三郎によるマカロニ・スパゲティの茹で方の写真が載っていたのは、『家庭の西洋料理』（主婦の友社、一九五四年）でした。

図3-27
（出典：田中徳三郎『家庭の西洋料理』主婦の友社、1954年）

図3-28
（出典：同書）

ここでは、「熱湯にほんの少しの塩を加え、十分沸騰したらスパゲッティを入れ」と書いたあとに、「一度水に晒して糊気をとってから、水気を切り、バタでさっと炒めます」となっていました。やはりここでも茹でた麺を冷水で締めています。

マカロニ（スパゲティ）に必要な調味料

洋食作りに不慣れな日本人が、スパゲティを調理するときに必要な調味料の写真が同じ『家庭の西洋料理』に出ていました

ブラウンソースは手作り、トマトピューレは缶詰を使っています。

図3-29
（出典：同書）

田中徳三郎の「ナポリタン」

田中徳三郎が作ったナポリタンの写真とレシピもみてみましょう。

料理名：マカロニナポリタン

出典：田中徳三郎『家庭の西洋料理』主婦の友社、一九五四年

◆作り方◆

・茹でたマカロニを中火でバタ炒めし、
・火を弱め、分量のトマトピューレを加えて炒め、
・褐（ブラウン）ソースを廻しかけながら、さらに炒め混ぜ、
・おろしチーズをふりかけて、よくからませます。
・最後に、塩、コショウで味を調え、
・皿に盛って、おろしチーズをふりかければ、できあがりです。

また、この本ではスパゲティを添え物（あしらい）に使うことを提案していました。

料理名：ミンチボール スパゲティ添え
出典：田中徳三郎『家庭の西洋料理』主婦の友社、一九五四年

スパゲティを主食として単品で食べるのではなく、何か別のメインディッシュの添え物として使うことを、この写真のような「スパゲティ添え」で提案していました。

スパゲティがまだ「外食」あるいは「よそいきの料理」だった時代に、家庭料理で添え物、あしらいものとして使えるんですよーというメッセージになったのではないでしょうか。

その後、スパゲティは幕の内弁当やオードブルなどで、添え物としてなくてはならないものになっていきます。弁当の片隅にケチャップで和えたスパゲティがほんの少しだけ入っている——というスタイルは、このあたりから始まったものだと思われます。

（ミンチボール　スパゲティ添え）

図3-30
（出典：同書）

第4章　マカロニ類の興亡

マカロニの料理と聞いて何を思い浮かべますか？　二十一世紀になって、日本では料理本やお店のメニューで探してみても、「マカロニグラタン」「マカロニサラダ」、それからそれから……あれ、困ったことに次が出てこない。

昭和の中頃までは結構重宝された舶来の麺だったはずなのに、いつの間にかマイナーな食材になったようです。

しかし、日本の家庭料理本が全盛だった昭和という時代に、日本人は舶来のマカロニを日本食という土俵の上で様々な料理に使いまくっていたのでした。そこで、現在の日本人にはとても思いつかないようなマカロニ料理を発掘してみました。

まずは、初期の家庭料理本にたびたび登場していたタンバールというマカロニ料理からみていきましょう。

1　タンバールというマカロニ料理

マカロニタンバル

料理名：マカロニタンバル

出典：『スナック』（「カラークッキング」第十三巻）、主婦と生活社、一九七一年

プリンのような形をした西洋麺料理とでもいうのでし

ょうか。長〜いマカロニの麺をぐるぐると巻いた形の麺料理って、今日ではそうそうみることはできないでしょう。

図4-1
（出典：『スナック』〔「カラークッキング」第13巻〕、主婦と生活社、1971年）

現代人にしてみれば、どうやって作られているのだかよくわからないと思いますので、簡単に説明します。一九七一年に主婦と生活社から出版された「カラークッキング」第13巻『スナック』に出ていたレシピをもとにしました。

◆作り方◆

・マカロニは、短いカットマカロニではなく長い乾麺を茹でておく。
・湯飲み茶碗の内側にバターを塗って、小麦粉をまぶした茹でマカロニを底のほうからぐるぐると巻く。
・ひき肉、卵、パン粉、塩、コショウを練り合わせ、湯呑みに巻いたマカロニの内側に詰める。
・蒸し器で二十五分蒸したらすぐに湯呑みから取り出し、カレーソースをかける。
・カレーソースは、みじん切り玉ネギをバターで炒め、カレー粉、小麦粉、スープで煮詰める。

◆検証◆

簡単にいうと、湯飲み茶碗の内側にロングマカロニを渦巻き状に張り付け、そのなかにハンバーグ種を詰め込む――ということですね。そして茶碗蒸しを作るときと同じような要領でその湯飲み茶碗を蒸し器で蒸しますと、なかに詰めたハンバーグ種にも火が通ります。蒸したてのアツアツだと湯呑みの内側に塗ったバターが潤滑剤の役をしてくれるので、わりとすんなり抜き出すことができました。

このタンバールを食べた感想は、「パスタで包んだハンバーグにカレーソースをかけたもの」というところでしょうか。茹でたマカロニを二十五分間も蒸していますから、麺はやわらかすぎるくらいにやわらかです。悪くいうと、「伸びてしまったパスタ」の感もあります。箸でもフォークでも、はたまたスプーンでも食べることができる不思議なマカロニ料理といえます。

カットマカロニでさえあまり使われなくなった今日、カットされていないロングマカロニ（ブカティーニ、マッケロンチーニなど）は専門店にでも行かなきゃ日本ではお目にかかれません。だから、ロングマカロニを使ったタンバールという料理も、一九八〇年代以降の料理本ではほぼみられません。

しかし、昭和前期の料理本ではとても目立つ料理だったのです。写真を見れば納得だと思いますが、インスタ映えするというか、「どーぢゃ、スゴイぢゃろっ」と、自慢げに見せびらかしたくなる要素があるパスタ料理だったのです。

2　料理本にみるタンバールの図版

マカロニ（または代用としてうどん）を使ったタンバールは、昭和の料理本でしかみられませんでした。古くは昭和ヒトケタですから一九二〇年代、新しいものでも七五年（昭和五十年）ごろまででした。そのなかからいくつか取り出してみます。

図4―2は、一九三六年（昭和十一年）に出版された「料理の友」十一月号付録「家庭で出来る日支洋麺類料理百種」（料理の友社）で使われていた図版です。「西洋料理のマカロニとはこういうものです」という説明に使われたものなので、箱に入ったロングマカロニも描かれています。

注目すべきは、マカロニを説明するにあたって、タンバールのイラストが使われているということです。マカロニなんて知らなかった人に対して、いの一番にタンバールを見せたりしたら、これこそがマカロニ料理を代表するものなのだと思ってしまうでしょう。

しかもこの図版では、「天火で焼く」とあります。一九七一年の料理本では二十五分くらい蒸して作ることになっていたタンバールが、三六年の料理本では天火焼きだったのです。天火のなかに入っているタンバール容器も湯呑みなのか？　ココットなのか？　疑問です。もしこの図版どおりの天火で焼くタンバールだけが料理本で紹介されていたら、天火があまり普及していなかった日本でマカロニという麺はあまり普及しなかったかもしれない。この料理のココットを湯飲み茶碗に代え、天火で焼くところを蒸し器で蒸す料理に代えたことで、ニッポンジンも手を出しやすくなったのかもしれません。

「マカロニとは？」の説明図版にもタンバールが出ていた

手作りタンバールが自慢できた時代の写真

できあがったタンバールを見ただけでは、いったいどうやって作っているのかよくわかりません。戦前はイラストで説明していましたが（図4―2）、一九七三年の料理本では、カラー写真で丁寧に説明されていました。

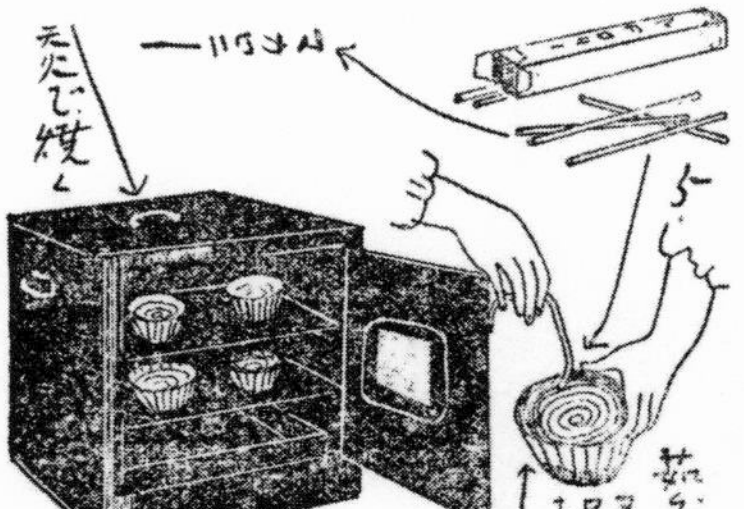

図4-2
（出典：「料理の友」1936年11月号付録「家庭で出来る日支洋麺類料理」、料理の友社）

作り方を四枚の写真で説明しています。（図4―3）

一九七〇年代の料理本とはいえ、「スパゲッティとマカロニ」のレシピに特化した本だったから、タンバールが載っていたのです。一般的な家庭料理本にタンバールが紹介されていたのは、六〇年代まででした（図4―4）。麺はマカロニ、詰め物は鶏のひき肉、濡らしたパン、卵、牛乳で、バターを塗った紙で蓋をして十五分蒸す。かけるのはトマトソースでした。

料理名：マカロニとチキンのタンバール
出典：主婦之友社編『洋食と支那料理』（「主婦之友花嫁

図4-3　タンバールの作り方と完成写真
(出典：『スパゲッティとマカロニ』〔「マイライフシリーズ」第20巻〕、グラフ社、1973年)

図4-4
(出典：「主婦と生活」1951年12月号付録「お料理大全集」、主婦と生活社)

図4-5　マカロニとチキンのタンバール
(出典：主婦之友社編『洋食と支那料理』〔「主婦之友花嫁講座」第4巻〕、主婦之友社、1941年)

講座」第四巻)、主婦之友社、一九四一年

◆作り方◆

・マカロニ麺を茹でて茶碗の深さに合わせて切り、

茶碗の内側に縦に並べて張り付ける。
・渦巻きに巻かず、縦に張り付ける。
・詰め物は鶏と豚肉の合いびきに牛乳と卵を加える。
・四十分間蒸し焼きにする。
・松茸のバター炒め入りのトマトソースをかける。

タンバールという料理は、マカロニやスパゲティなどパスタ料理が家庭料理として普及しはじめるころの、「切り込み隊長」的な存在だったのではないでしょうか。

イラストや写真を使い始めた付録料理本が婦人雑誌の目玉になった時代には、読者をビックリさせるようなタンバールは、見栄えがいい料理でした。料理本の写真を見た人は「いったいどうやって作ってるんだろう?」と知りたがります。マカロニの巻き方を図解で教える——ハイカラな洋食のなかでも、いたって珍しいタンバールなるマカロニ料理を作って自慢したいという心理をくすぐった、料理本によるマスコミ戦略だったのではないでしょうか。

実際に作ってみると、結構手間暇がかかるわりには、驚くほどの美味でもない。天火で焼けば、ココットなり湯飲み茶碗なりの器に焦げ付いたマカロニの掃除が一手間でもある。はたしてこのような、手間のわりに成果が少ない＝コストパフォーマンスが低いマカロニ料理が、家庭の料理として定着したのでしょうか?

その答えは、時代が出してくれました。

現在、家庭料理としてタンバールはほぼ残っていませんし、家庭料理本に載っていたのも一九六〇年代までだったのです。

3　マカロニに対する認識の変化（おすまし・水戻し）

マカロニに対する日本人の認識が、よーくわかる料理がありました。それは、漆塗りの蓋付き吸い物椀で食べる、お吸い物だったのです。

明治時代には精養軒などの有名洋食店でしかお目にかかれなかったマカロニでしたが、関東大震災前後になるとだんだん家庭料理にも取り入れられてきます。

そのころ国立栄養研究所が普及を図った、おいしくて、栄養があって、経済的な家庭料理のお手本として作られたこの本には、元日から大晦日までの献立例が三百九十七ページにわたって紹介してありました。

その「十月十三日の夕食」の献立に出ていたのが、「マカロニのおすまし」でした。
近代日本でおこなわれてきた和洋折衷の変な料理はかなりたくさん見てきた私でさえ、「エッ」と固まったマカロニおすましですから、参考までに原文そのままを見ていただきます。

料理名：マカロニのおすまし
出典：国立栄養研究所編『美味栄養経済的家庭料理日々の献立』文録社、一九二四年

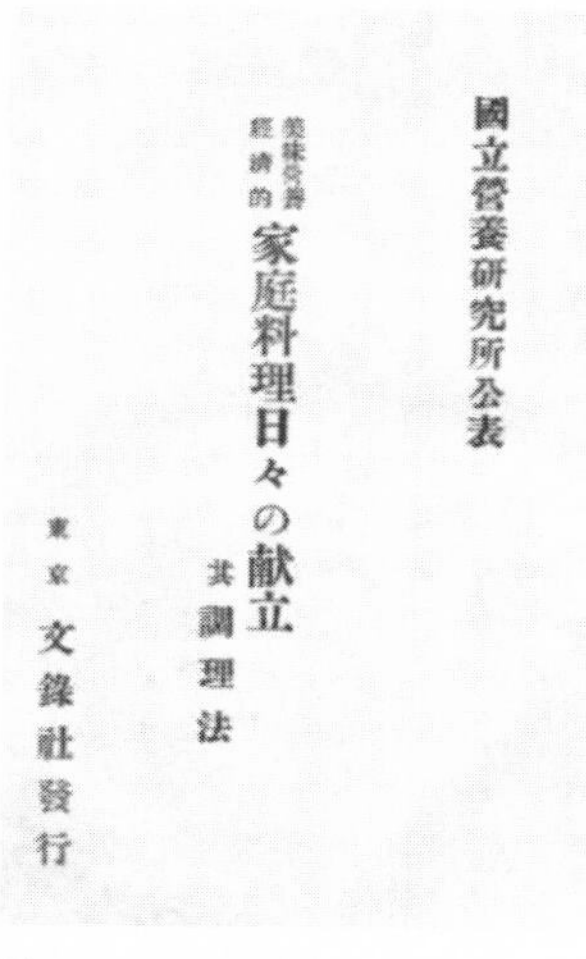
國立營養研究所公表
美味營養
經濟的
家庭料理日々の献立
其調理法
東京
文錄社發行

図4-6
（出典：国立栄養研究所編『美味栄養経済的家庭料理日々の献立』文録社、1924年）

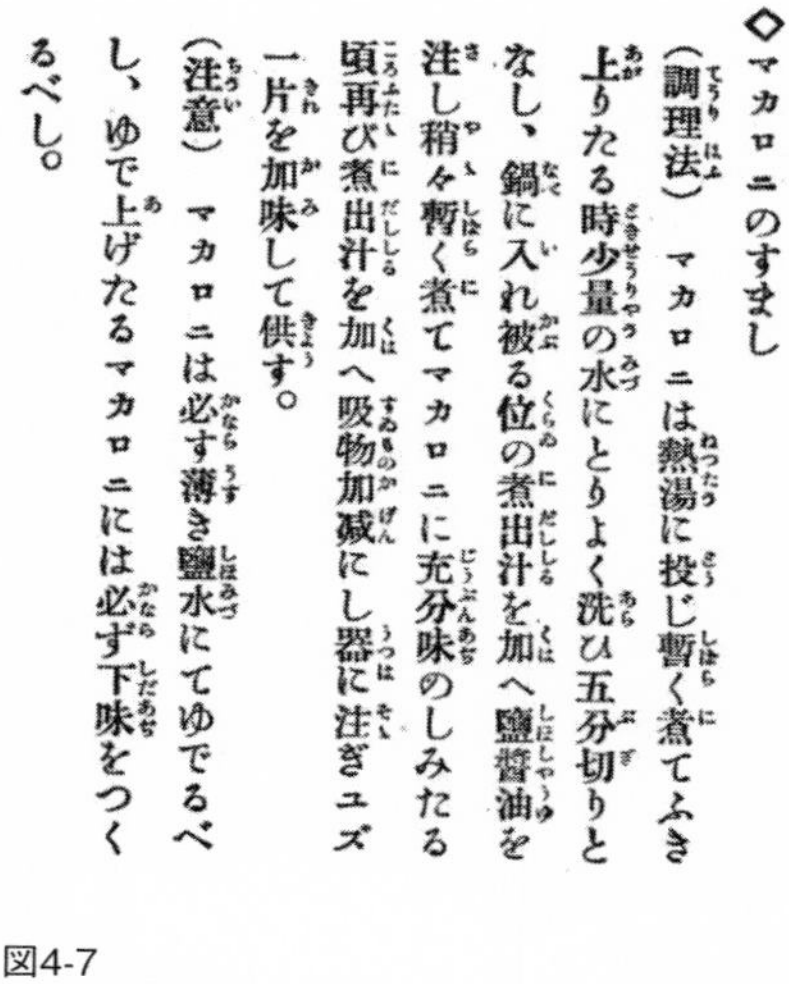
◇マカロニのすまし
（調理法《てうりはふ》）マカロニは熱湯《ねつたう》に投《とう》じ暫《しばら》く煮《に》てふき上《あが》りたる時《とき》少量《せうりやう》の水《みづ》にとりよく洗《あら》ひ五分《ぶ》切りとなし、鍋《なべ》に入《い》れ被《かぶ》る位《くらゐ》の煮出汁《にだしじる》を加《くは》へ鹽醤油《しほしやうゆ》を注《さ》し稍々《やゝ》暫《しばら》く煮《に》てマカロニに充分味《じうぶんあぢ》のしみたる頃《ころ》再《ふたゝ》び煮出汁《にだしじる》を加《くは》へ吸物加減《すゐものかげん》にし器《うつは》に注《そゝ》ぎユズ一片《きれ》を加味《かみ》して供《きよう》す。
（注意《ちうい》）マカロニは必《かなら》す薄《うす》き鹽水《しほみづ》にてゆでるべし、ゆで上《あ》げたるマカロニには必《かなら》ず下味《したあぢ》をつくるべし。

図4-7
（出典：同書）

◆作り方◆
一九二四年（大正十三年）のレシピであることを考慮して再現してみました。
「煮出汁」は白出汁＝昆布と鰹節で取ったものでしょう。この出汁とやわらかく茹でたカットマカロニを鍋に入れ、塩と醤油を加えて弱火にかけること五分間。二センチ弱のカットマカロニがふやけてきたので、これで下味はよしとして、再び出汁を注いで吸い物の味加減にします。これを吸い物椀に注ぎ、五ミリ四方に切った柚子皮を浮かせて完成です。

このレシピを現代文にするとこのようになります。
・マカロニを熱湯で茹で、やわらかくなったら引き上げて少量の水で洗う。

・それを一・五センチに切って鍋に入れ、ひたひたくらいまで出汁を注ぎ、塩と醤油を差して煮る。
・マカロニに味が染み込んだらもう一度出汁を差して、吸い物の味加減にする。
・これを吸い物椀に注ぎ、柚子皮を浮かせる。
＊塩水で茹でること。茹でたあと、出汁・塩・醤油で下味を付けること。

◆検証◆

当然のことですが、この吸い物にはマカロニと柚子の皮しか入っていません。

マカロニ自体にはこれといった味があるわけじゃないので、味は昆布と鰹節の出汁に塩・醤油の味だけです。

柚子の香りが鼻にきます。マカロニはふやけてはいるものの、吸い物によく使われる麩のようなフワッとした感じではなく一応噛みごたえはある。似ているものといえば生麩とか生湯葉でしょうか。本来のマカロニ料理にあるようなプリッとした歯触りは全くありませんから、欧米のヒトは「ナニ？コレ」でしょうが、吸い物＝おすましの具材としてはお見事！と言っていいと思います。

口に入れると豆腐よりももろく崩れ落ちる具……。マカロニを日本化させたと感じた次第です。

4　マカロニ自由形の数々

ミニット・ヌードル（ツナ缶＋マカロニ）

料理名：ミニット・ヌードル（アメリカ・ボストンの伝統的マカロニ料理）

出典：「婦人朝日」一九五六年九月号、朝日新聞社

◆作り方◆

・塩茹でしたマカロニを水洗いして粘り気を取る。
・鍋にツナ缶、マッシュルーム・スープ缶と茹でたマカロニを入れて温める。

作り方はこれだけでした。塩、コショウはお好みで。

◆検証◆

これが戦後十一年たった一九五六年の「婦人朝日」誌で紹介されていたマカロニ料理です。

戦前、二十年間ボストンで暮らしたハーバード大学医

学部教授の夫人・藤城綏子さんが、在米中に覚えた料理だそうです。「婦人朝日」の記事によると、「独立戦争以来ずーと続いているボストン独特の〝手早く作る一分間料理〟の一つです。海や山へおでかけのとき、また簡単にすませたい昼の食事に、こんなお料理はいかがでしょう」とありました。

図4-8
（出典：「婦人朝日」1956年9月号、朝日新聞社）

また、この記事の終わりのほうには、「マカロニのかわりに、うどんを使ってもよく、マッシュルーム・スープのかわりにホワイトソースを作り、松タケや椎茸などのきのこ類を入れると、一段と味がよくなります」とありました。

この料理に使う食材と同じような缶詰、マカロニは現在でも買えますので、簡単に再現できました。といっても、マカロニを茹でて缶詰と混ぜるだけ……みたいなものです。

ただ、この料理が「独立戦争以来続いている伝統的な一分間料理」というのはちょっと無理があるようです。というのも、そもそも缶詰の発明は一八一〇年ごろというのが定説だし、アメリカでマグロがよく取れていたのはカリフォルニアと聞いています。ツナ缶もカリフォルニアで作られたのが一九〇三年とされています。独立戦争があった一七七五年から八三年当時には、ツナ缶もマッシュルームスープ缶もまだなかったはずですね。きっとそのころは生のマグロやマッシュルームを使っていたのでしょうが、そうだとすると缶詰を使った「一分間料理」ではなかったはずです。

ハーバード大学があったボストンは東海岸ですから、

図4-9　ミニット・ヌードルに使う食材
（出典：「婦人朝日」1956年9月号、朝日新聞社）

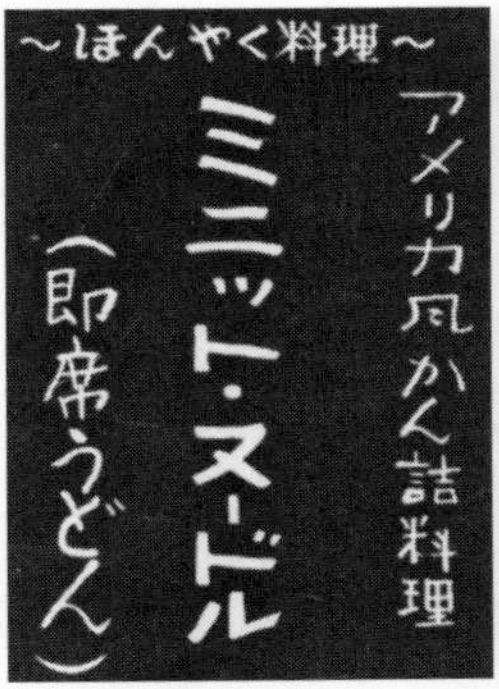

図4-10　かん詰め料理・即席うどんと翻訳されていました
（出典：同誌）

ツナ缶でミニット・ヌードルを作ることができたのは、独立戦争から百三十年以上あとになってからのことです。

はっきり言えることは、藤代教授ご夫妻がボストンで暮らしていた一九四一年ごろ（ご夫妻は日米開戦時の交換船で帰国している）、現地の人から教わった料理だということでしょう。それがアメリカの、ボストンの伝統食文化だったかどうかはこの記事からはわかりませんが、日米開戦ごろにはすでにこのような食の簡便化が進んでいたことは事実のようです。

フライドマカロニ

料理名：三色フライド・マカロニ
出典：「主婦と生活」一九五六年八月号付録「夏の家庭料理集」、主婦と生活社

◆作り方◆
・ロングマカロニを三センチに折って硬めに茹で、水にさらし、ザルで水を切る。
・熱した油でマカロニを色づくまで揚げる。
・揚げ上がりに塩をまぶしてから三等分する。
・1＝おろしチーズをまぶす（写真中）、2＝パプリカ

図4-11
(出典:「主婦と生活」1956年8月号付録「夏の家庭料理集」、主婦と生活社)

を薄赤くまぶす(写真左)、3=青海苔をふりかける(写真右)。

◆検証◆

1はチーズ味のフライドポテトみたいな味でした。

2はズッシリ噛みごたえがあるピリ辛で、「かっぱえびせん」風?

3は海苔・塩味のポテトチップスのようで、なんとなく和風?

三つのマカロニに共通しているのは、ポテトチップスのような味なんだけど、ポテトチップスとは違ってボリュームがあり、おなかにたまるおつまみってとこですか。大人にとってはおなかも満たせるビールのおつまみでありますが、子供のおやつには甘味不足で、あまり評判はよくないでしょう。

茹でマカロニを油で揚げるというのは、結構コツがいります。やや固茹でにすることと、茹で上がりをいったん水で冷やすこと、そしてそのあと水気を完全に切っておかないとうまく揚げることができません。揚げる油も高温にして素早く揚げればカリッと仕上がりますが、温度が低いとベチャッとした感じになりますのでご用心!

お手製「袋入りスナック菓子」

料理名：揚げマカロニ
出典：主婦と生活社編『お菓子と飲物』（「カラークッキング」第八巻）、主婦と生活社、一九六八年

◆作り方◆
・茹でたマカロニをザルに取って水気を切り、サラダ油をまぶしておく。
・油でカリカリに揚げ、塩を振っておく。
・食べるときに粉チーズやシナモンシュガーを振る。

◆検証◆
これは使うマカロニの種類で違いが出ます。麺の中心が空洞になった一般的なマカロニより、この図のような貝の形や花びらのような薄いマカロニなどを使うと食感がよく、味も染み込みやすかったです。

中華の焼きそばでは麺を油で揚げますが、うどんやマカロニを揚げて子供のおやつやお酒のつまみにするのは一九六〇年代から七〇年代までの一時的な流行だったのでしょう。七〇年代以降は、袋入りスナック菓子が次から次に発売されましたから、お母さんもわざわざ茹で麺を油で揚げてまでおやつやおつまみを作る必要はなくなったのでしょう。

図4-12
（出典：主婦と生活社編『お菓子と飲物』〔「カラークッキング」第8巻〕、主婦と生活社、1968年）

奥さま自慢のおつまみ集

最後に参考資料として、一九七〇年代の料理本に出ていた揚げパスタ料理を紹介しておきます。マカロニの和風かき揚げ、スパゲッティの春巻き——お料理自慢の奥さまが部下を自宅に連れてきた夫の顔を立てて、「なんにもないんですけど、ありあわせのもので、ごめんなさいね〜」とか言いながら、ビールや水割りと一緒に出していたおつまみがこのようなものでありました。

料理名：かき揚げ
出典：『スパゲッティとマカロニ』（「マイライフシリーズ」第二十巻）、グラフ社、一九七三年

天ぷらの衣（小麦粉と水）に茹でたマカロニ、枝豆を混ぜて油で揚げる。枝豆のかわりにグリーンピースを使ってもいい。

料理名：スパゲッティの春巻き
『スパゲッティとマカロニ』（「マイライフシリーズ」第二十巻）、グラフ社、一九七三年

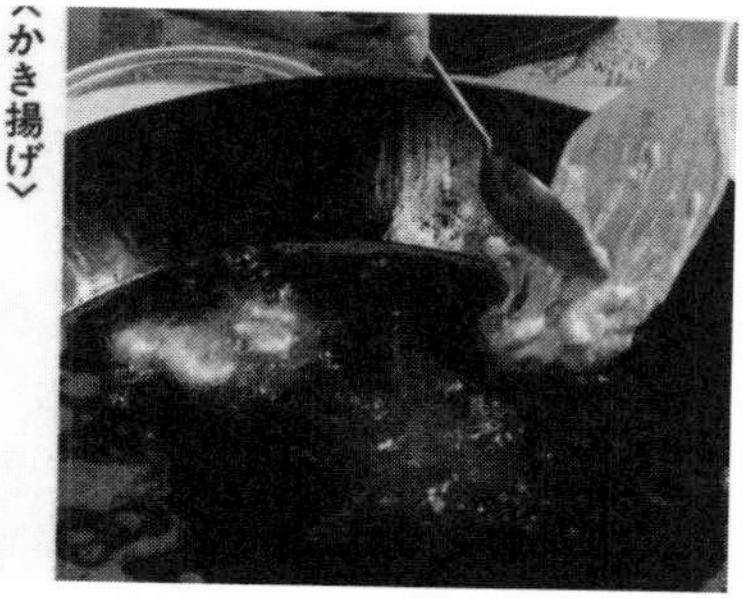

図4-13
（出典：『スパゲッティとマカロニ』〔「マイライフシリーズ」第20巻〕、グラフ社、1973年）

図4-14
（出典：同書）

図4-15
（出典：『スパゲッティとマカロニ』〔「マイライフシリーズ」第20巻〕、グラフ社、1973年）

〈スパゲッティの春巻き〉

図4-16
（出典：同書）

春巻きの皮で茹でたスパゲッティと野菜類を巻く。高温の油でカラッと揚げて、三センチくらいに切る。

ロングマカロニ豚味噌ソース

料理名：ロングマカロニ豚味噌ソース
出典：主婦の友社編『今日のおかず――みそを使った西洋中華』主婦の友社、一九六〇年

『今日のおかず』という、味噌を使った西洋料理・中華

図4-17
（出典：主婦の友社編『今日のおかず――みそを使った西洋中華』主婦の友社、1960年）

図4-18
（出典：同書）

料理のテキストを監修していたのは全国みそ工業協会でした。当然、マカロニもスパゲティも味付けはすべて味噌味です。

中華料理と味噌ならばごく自然でしょうが、西洋料理と味噌という組み合わせは、かなり強引だったかもしれません。この本で紹介していた西洋麺料理は「味噌入りグラタン」と「マカロニの豚味噌かけ」の二つで、グラタンのほうは食べてみてもほとんど違和感がないくらい味噌味がなじんでいましたが、豚味噌かけのほうはちょっとビックリいたしました。

◆作り方◆

・麺はロングマカロニの茹でたてを使う。

・麺にかけるソースを作る。ひき肉を色が変わるくらいに油で炒め、玉ネギ、椎茸、ニンジンの千切りともやしを加えてさらに炒める。塩を加えた味噌に水を加えて練ったもので味付けをする。

・皿にマカロニを盛り付けて豚味噌ソースをかけ、その上にバターを載せる。

◆検証◆

一言でいうと、こってりしすぎ！です。ひき肉を、たっぷりの油で炒めて作る豚味噌ソースをかけたマカロニ。さらにバターを載せるっていうのですから、文字どおり油脂まみれです。

当時の栄養指導によると、日本人はカロリーが不足しているから脂肪分をもっと摂取しよう！ということでしたから、このようなレシピが学校給食の現場などで求められていたのでしょう。

煮込みマカロニ（すき焼きマカロニ）

料理名：煮込みマカロニ

出典：『スパゲッティとマカロニ』（「マイライフシリーズ」第二十巻）、グラフ社、一九七三年

料理名は「煮込みマカロニ」になっていますが、作り方をよく読んでみると、すき焼きと同じ調理法であることがわかりました。だから内容を正確に伝えるには「すき焼きマカロニ」と言ったほうがいいかもしれません。

割り醤油は出汁、醤油、みりん、砂糖で作り、牛肉、椎茸、春菊などの具材を鍋に入れていきます。ここまではほとんどすき焼きのレシピどおりです。

図4-19
（出典：『スパゲッティとマカロニ』〔「マイライフシリーズ」第20巻〕、グラフ社、1973年）

すき焼きに麺を入れるのは「うどんすき」と呼ばれてよく知られています。うどんすきでは、すき焼きの最後にうどんを入れることが多いのですが、この煮込みマカロニでは最初から具材の一つとして入れます。

マカロニは、茹でたあとに水洗いしてサラダ油をまぶしておいたものを他の具材と一緒に鍋に入れます。最初から入れるのは、うどん麺のように長くないから他の具材と一緒に食べやすいこと、煮込んでもうどんのようにふにゃふにゃになりにくいことなどの特徴があるからではないでしょうか。

しかし、ここまで甘いマカロニってなかなかお目にかかれない、珍品パスタでした。

コラム　日本はマカロニの輸出国だった

戦後生まれの私にとって、マカロニは国産が当たり前でした。マカロニの広告は戦前から婦人雑誌などでみられましたが、大手メーカーが全国展開の有名雑誌に広告を出すようになったのは一九五五年（昭和三十年）ごろからです。なかでも代表的なのが、「オーマイマカロニ」（ニップン）でした。

　輸入品だったマカロニですが、いつから誰が国内生産を始めたのか？　疑問に思って調べていたら、面白い資料に出くわしました。一九四〇年（昭和十五年）の月刊誌「旅」十月号（日本旅行倶楽部）に、国産マカロニを輸出して外貨を獲得しているという記事があったんです。

　その記事によると――。

　日本全国で生産されるマカロニは百万ポンド（四十五万キログラム）であり、その六〇パーセントは新潟で作られ、残りの四〇パーセントが東京、千葉、尼崎で作られている。新潟のマカロニ生産の始まりは、新潟県加茂町で鶏卵うどんを製造していた石附吉治さんが、一九〇

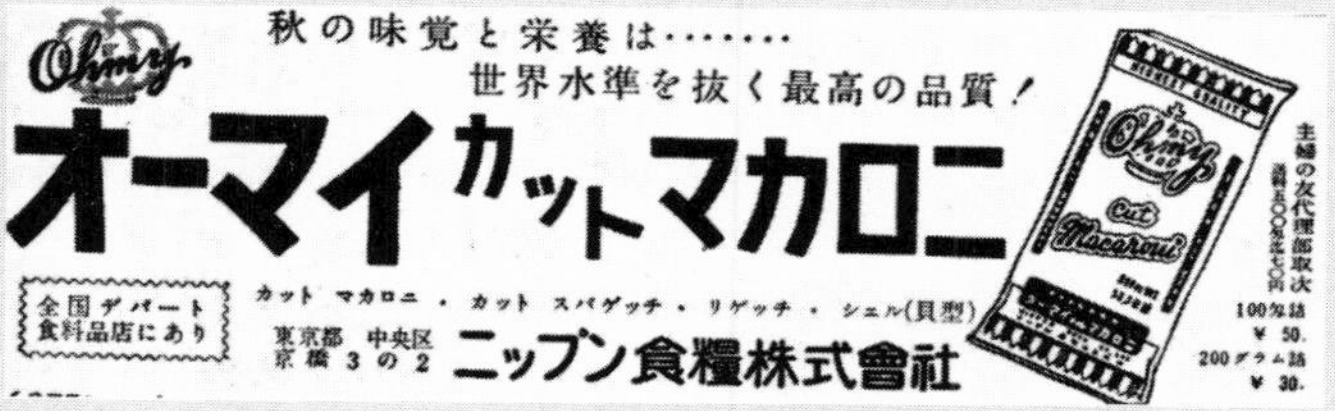

図4-20
（出典：「主婦の友」1956年11月号、主婦の友社）

〇年（明治三十三年）に横浜の貿易商を訪ねたとき、「こんなものが輸入されているが、これを国内で作れないか？」と見せられたのが、うどんに穴があいたもの＝マカロニでした。それから二十年あまりマカロニ作りの研究を続けたが、完成できずに亡くなります。その後、息子の吉郎さんが後を継ぐもうまくいかず、二度の破産を経てやっと完成したそうです。

マカロニ製造の難しさ

マカロニは、うどんのように天日乾燥させると亀裂を生じて割れてしまうので、密封した乾燥室で醗酵させながら徐々に乾燥させる必要があります。醗酵や乾燥のために温度と湿度を管理するのが非常に難しいため、大きな工場で大量生産することができないために、技術をもった職人による家内制手工業でなければなりませんでした。それができる人が新潟の加茂町には三人いたから、日本一のマカロニ製造地になれたそうです。

一九三六年（昭和十一年）には、加茂町のマカロニ業者が中心になって全日本マカロニー協会を設立し、マカロニの輸入禁止を商工省に陳情しています。半年後、輸入が禁止されると同時に、国産マカロニを満洲、支那（当事の呼称）、南洋、インド方面に輸出するようになり、外貨獲得に役立ったそうです。こうして一応輸出できるようになったのですが、日本でマカロニを製造するためには原料の確保に問題がありました。

内地（国内）産の小麦粉は軟質でグルテンが少なくマカロニには向かないため、最初はグルテンが多いカナダ産小麦を使用していました。しかし日中戦争が始まり、輸出・輸入を制限する法律が制定されて輸入が困難になると、満洲産と北海道産の小麦で代用するようになります。カナダ産の小麦だと白いマカロニが作れますが、満洲・北海道産を使うと黒っぽくなり、見た目は支那そばみたいになったそうです。

また、図4―20の「カットマカロニ」という表記も、戦前は違った意味で使われていました。戦後のカットマカロニは、通常のロングマカロニを切って使う手間を省くために最初からカットしているという意味ですが、戦前のカットマカロニは、製造過程で破損（乾燥の不具合による）した短いマカロニ＝不良品のことで、カットマカロニの名前で安く売るしかなかったのです。

月刊誌「旅」の記事には、マカロニの輸出を産業躍進と取り上げていましたが、実際にはこの雑誌が出たころ

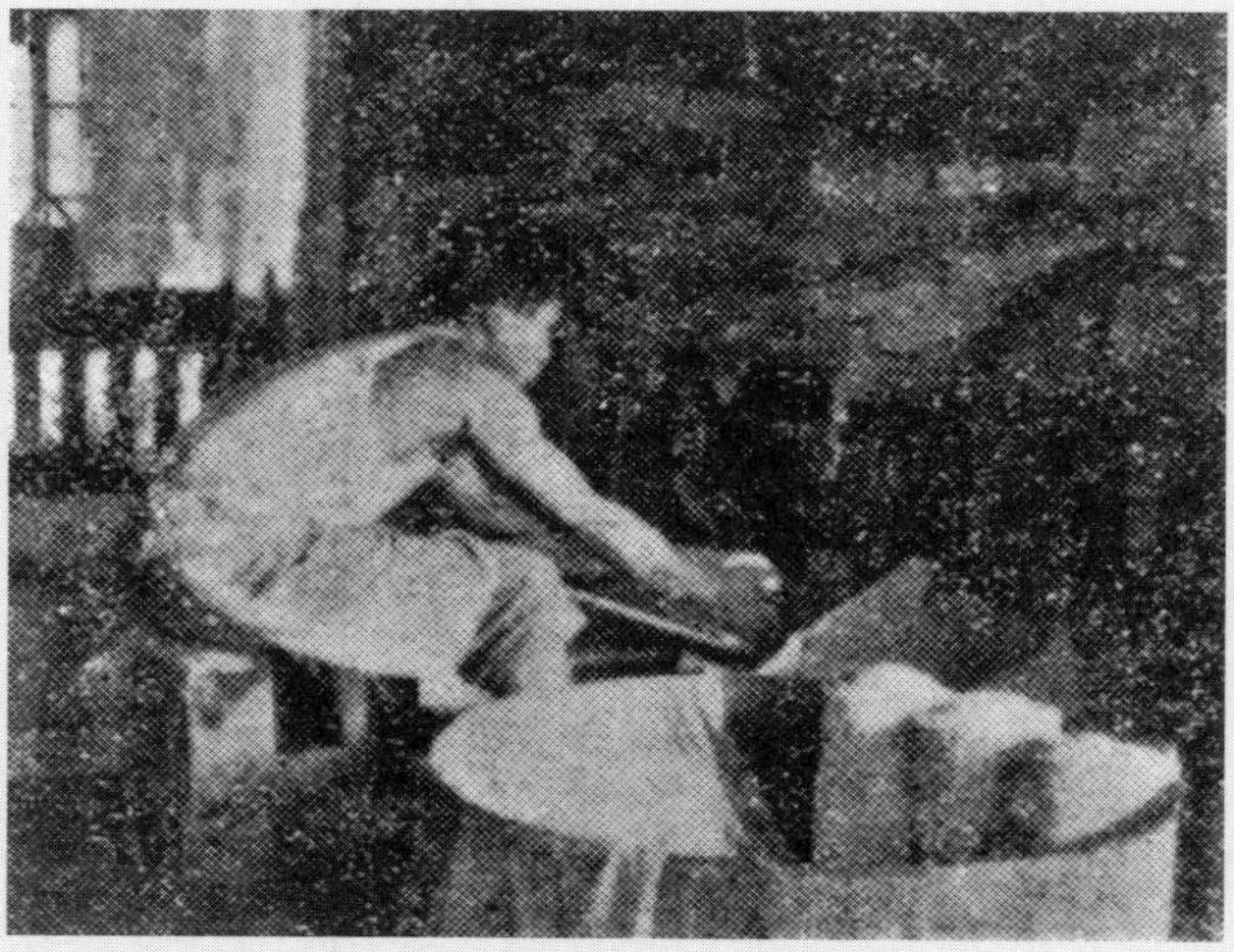

図4-21　新潟産マカロニの輸出。マカロニ一圧搾機
（出典：「旅」1940年11月号、日本旅行倶楽部）

にはマカロニも輸出禁止品目に入っていましたから、マカロニの輸出で外貨を稼ぐ——とまではいかなかったものと思われます。

一九〇〇年（明治三十三年）に研究を開始し、大正になってやっと完成した日本のマカロニ製造技術も、グルテンの多い小麦粉が確保できなければ作ることはできません。それができるようになるのは、戦後になってアメリカ産の小麦粉が大量に輸入できるようになってからです。終戦直後は各地に小さな家内制手工業的マカロニ工場も作られたようですが、やがてオートメーション化されたメーカーの工場に吸収されていくのでした。

この新潟でのマカロニ製造の話が載っている書籍がありました。

日置昌一『ものしり事典 飲食篇』（河出書房、一九五三年）によると——。

> マカロニ Macaroni は篩いとった小麦の粉で作った中に穴のあいたうどんのようなものをいい、これは元来イタリーの特産であるが、わが国では明治四十一年二月ごろ、新潟県加茂町の石附というそうめん屋が「鶏卵乾うどん」というものを考え出し、これをアメリカへ輸出しようと横浜の貿易商館へ行ったとき、珍しいマカロニを見せられ「こういう物が作れないか」と聞かれた。そこで苦心惨憺したけっか、ついに日本式マカロニ製造器を発明し、大正二、三年の五月頃売り出したのにはじまる。

　ここで取り上げた二つの資料だけでも、マカロニ製造に取りかかった時期、完成して販売しはじめた時期に違いがみられます。新潟以外でもマカロニ製造をしていた人がいてもおかしくはありませんから、新潟が国産マカロニ発祥の地と言い切ることはできません。しかし明治の終わりごろに国産のマカロニ製造に取り組み、商品化から輸出までした人が新潟にいたことは間違いないようです。

第5章　ラーメンのルーツから列島制覇まで

1　ラーメン——初期の手ほどき時代

ラーメン——ここまで紹介してきた麺料理と同様に、中華麺ではなくうどんの麺で再現することから始まりました。

今日、私たちがよく食べているラーメンは、中華の麺料理を日本的に改良した麺料理です。東京や大阪などの大都市に中華料理店が出現したのは明治時代ですが、そのころの中華料理は洋食と同様、専門店でしか食べられない格式高い高価な食べ物でしたから、庶民にはなかなか手が出せないものだったのです。

そんな中華料理が、「昼めし、行く？」って感じで気軽に食べにいける大衆的なものになったのは、戦後のことです。戦前の本格中華料理店で出していた様々な麺料理を日本人にもなじむように改良したものを「支那そば」とか「中華そば」と名付け、夜鳴きそばのような屋台で流し売りをしたから急速に普及したのでしょう。支那そばや中華そばのことをラーメンと呼ぶようになったのが昭和の後半のことです。

現在、日本中どこへ行ってもラーメン店がない町はないと言われるほど、ラーメンは国民食としての地位を築いたといえます。

かつて、婦人雑誌の付録料理本などの家庭向けの料理本は、お店でしか食べられなかった本格中華麺料理を家庭でも作って食べられるようにするためのレシピをたくさん載せていたのです。家庭で作る支那そば、ラーメンのレシピは、いつごろから、どのように書いてあったのか？　それを、家庭向けの料理本のなかから探してみました。

今日ラーメンと呼ばれる麺料理と同じものは、明治時代の料理教本にはみられません。たぶん、最初は中国から伝わってきた麺類をまねすることから始まり、日本在来の麺料理や西洋料理の影響などを受けながら、今日のラーメンになっていったものと考えられます。その過程を家庭向けの料理本から解き明かしていきたいと思います。

豚麺と書いてあった麺料理

料理名：豚麺
出典：浅井傳三郎『家庭料理いろは分』女子家庭割烹実習会、一九一二年

著者の浅井傳三郎は、愛知県岡崎市で有名な割烹店を経営し、割烹講習会などの経験をもとに家庭料理の手引書を著しました。同書の「まえがき」には「純粋の日本料理であり、衛生清潔、経済質素を旨として、家庭料理に徹する」と、この本のコンセプトが書いてあります。

ちなみに巻頭の推薦文は『食道楽』の著者である村井弦斎の夫人・村井多嘉子が執筆していました。

この料理本のそうめん料理の項目のなかの一つとして紹介されていたのが「豚麺《ぶためん》」でした。レシピを読むと、あっさりとした調理法が中心だったそうめんに、ラーメンの要素を注ぎ込んだ形跡がみられます。一般の日本人にとってはなじみがない中華風のそうめん料理でしたから、豚を使うという特徴を強調して「豚麺」と浅井傳三

図5-1
（出典：浅井傳三郎『家庭料理いろは分』女子家庭割烹実習会、1912年）

郎が名付けたのでしょう。

これを元祖ラーメンと言い切ることはできませんが、ラーメンのもとになった麺料理の一つであるとはいえますので取り上げてみました。

◆作り方◆

・麺は、温めた茹でそうめんを器に盛る。
・かけ汁（具材も含む）は、豚の上肉をこまごまに切り、ザッと湯に通す（これで豚脂を抜くものと思われる）。酒と湯と半々の汁に茹でた豚肉と五分切りのネギ、細切りニンジン、小さな角切りジャガイモを入れて煮込む。具材が煮崩れてきたら醤油と砂糖で味を付ける。
・これを器に盛った麺にかけ、コショウを振りかける。

◆検証◆

豚の上肉がどの部位なのかがはっきりしませんが、ほどよく脂も含まれるロースの厚切りを五ミリくらいに切って、熱湯で五分ばかり茹でて使いました。茹で汁には豚脂が浮いていましたから、脂っこさは取れたと思われます。

細かく切ったジャガイモ、ニンジン、ネギなどと一緒に湯通しした豚肉を煮込みますと、ジャガイモは原形をとどめないくらいにとろけてしまいます。ジャガイモがとろけて白く濁ったシチューのような汁のなかに細かく切った豚肉が見え隠れしています。

このままでしたら西洋料理的なシチューの一種に近いものでしょうが、醤油と砂糖で味付けをしますと、中華餡かけ系の味に一変しました。

ただ、中華そばとか支那そばと呼ぶのに抵抗があるのは、ジャガイモが煮崩れてどろどろとしたかけ汁のせいかもしれません。この麺料理を正確に伝えようとすると、「中華風豚ジャガ餡かけそうめん」とでもいうのでしょうか。

この豚麺がのちのラーメンにつながったと判断した根拠を挙げてみます。
1、豚肉のスープで麺を食べている。
2、味付けに塩分とうまみ成分（醤油）と甘味料（砂糖）を使っている。
特に、豚肉の煮汁というのはそれ以前の日本の麺料理にはなかったものです。

麺に関しては、かん水を使った中華麺には到達していませんので、ラーメンの要素はスープに少しみられるレベルでした。

村井弦斎『食道楽』の豚うどん

料理名：豚饂飩
出典：村井弦斎『十八年間の研究を増補したる食道楽』
　　対岳書屋、一九二〇年

料理をテーマにした小説として有名な村井弦斎の『食道楽』は新聞で連載され、一九〇三年（明治三十六年）に単行本が出るやいなや、空前のベストセラーになっています。その後、一九二〇年（大正九年）に『十八年間の研究を増補したる食道楽』という増補版が出版されました。

図5-2
（出典：村井弦斎『十八年間の研究を増補したる食道楽』対岳書屋、1920年）

その増補版のほうの「第十一　門違ひ」の項には、一九〇三年版にはなかった「豚饂飩《うどん》」の注釈が書き加えられていました。

もともと『食道楽』の「門違ひ」には、長崎名物・豚の角煮が紹介され、その一つ前の項には豚の刺し身が紹介されています。それら豚肉料理の「増補」として追加されたのが「豚饂飩」でした。

この「豚饂飩」というのが、のちのラーメンの一要素になったと考えられますので、注釈を全文書き出しておきます。

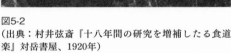

　豚饂飩
　いったん湯煮《ゆで》た豚を小さく切り、湯煮た汁に味を付けてよく長く煮たる処へ饂飩《うどん》を入れて、再び少し煮るなり、汁はからき位にし寡《すくな》きが宜《よろ》し、饂飩の上へ肉を盛りて出すべし本文に加えて説明した文章なので調理法を詳しく説明するものではないのですが、推測しますと、コトコトとやわらかく煮た豚肉ブロックを小さく切り、醤油と砂糖で濃いめの味を付け（前述の『家庭料理いろは分』同様）、そこにうどんを入れて煮込んだものと思われます。先にみた『家庭料理いろは分』の「豚麺」はそうめんを使っていましたが、ここでは太いうどんの麺を使っていました。

◆作り方◆

ラーメン「らしきもの」の元祖はこのようなものだったと考えられます。

・麺はそうめんもしくはうどんの麺を使っていた。
・スープについてはあまり詳しく説明していなかったが、豚のスープに醤油と砂糖だった。

そこで、代替として次のようなスープを作ってみました。

・酒と水、半々の煮汁で細かく切った豚肉とジャガイモ、ニンジン、ネギなどを形がなくなるくらいまで煮込み、醤油と砂糖で味付け。味は濃いめでスープの量は少なめに。

◆検証◆

スープのうまみという点では、豚肉の味と煮崩した野菜のエキスに醤油と砂糖で味付けしただけですから、今日のラーメンのような複雑で濃厚な味ではありません。家庭料理で作れる範囲のスープということで、豚骨や牛骨などを数時間煮出すようなことはしなかったのかもしれません。

また、今日では当たり前の、ネギとか叉焼のような「具」も料理本には書いてありませんでした。いうなれば東京で食べる「素うどん」に、ラードがギラギラ浮かんでいる状態に似ているので、確かに豚麺という表記が適切な気がします。

和風支那そばのお手本

料理名：南京そば
出典：村井政善『最新実用和洋料理』博文館、一九二四年

豚麺は浅井傳三郎が明治時代に作っていた麺料理でし

たが、こちらの本は一九二四年（大正十三年）の出版ですから大正時代の料理でしょう。料理名が南京そばですから、中華料理という認識で書かれたものでしょうが、レシピを見るとすでに「和風」が浸透していることがうかがえます。

◆作り方◆

・麺は干しそばを茹でて水気を切り、ごま油で揚げたものを使う。

・かけ汁は煮切ったみりんに鰹節の出汁を入れ、細かく切った戻し椎茸、好みの大きさに切った豚肉とカマボコを加えて煮込み、醤油と味の素で味を調える。

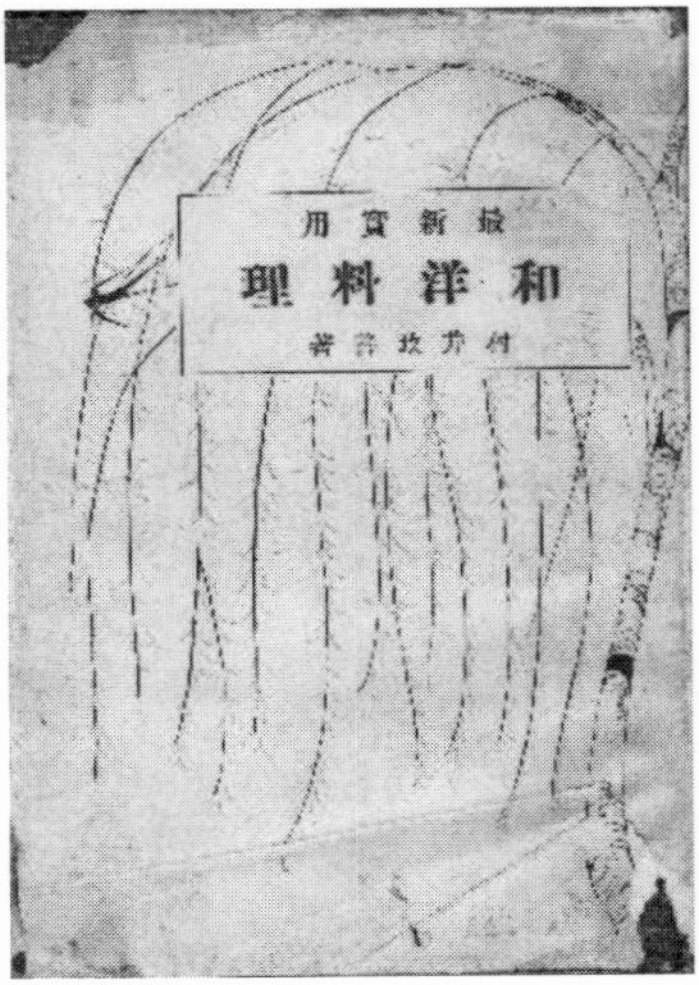

図5-3
（出典：村井政善『最新実用和洋料理』博文館、1924年）

・かけ汁が煮立ったときに油で揚げた麺を入れる。器に移したら、茹でたホウレンソウと刻みネギを上に載せる。

◆検証◆

昨今よく見かける、魚介系スープのラーメンです。かけ汁（煮汁）は和風出汁がベースになっています。鰹出汁のうまみに煮切ったみりんの甘味、豚肉の出汁、そして醤油の塩味、味の素のうまみが一体になったスープは、今日の醤油味ラーメンに受け継がれていると思います。

レシピには「茹でた干しそばをごま油で揚げる」と書いてありましたが、このあたりはまさに中華料理の手法といえるでしょう。揚げたての麺は堅焼きそばとか長崎皿うどんの麺とほぼ同じで、それをかけ汁に入れて煮ると、いかにも中華料理っぽいコクがある麺料理ができました。出汁のベースは鰹出汁ですが、豚肉と味の素を加えて煮ることで今日の醤油ラーメンに近い味になるのでした。

ラーメンの源になった有名店の支那そば

料理名：支那そば（丸の内雷正軒）

図5-4
（出典：「婦人倶楽部」1934年新年号付録「家庭で出来る東京大阪評判料理の作り方」、大日本雄弁会講談社）

出典：「婦人倶楽部」一九三四年新年号付録「家庭で出来る東京大阪評判料理の作り方」、大日本雄弁会講談社

いつの時代でも、人々は有名店の料理に憧れるものです。昭和の初期とて同様で、「家庭で出来る東京大阪評判料理の作り方」という料理本が「婦人倶楽部」一九三四年新年号付録に付いていました。有名店のご主人が「当店自慢の支那そばの秘伝を家庭のご婦人方に伝授いたしましょう」というコンセプトも、いまと変わりません。

戦後のラーメン店ほど大衆的ではない中華料理専門店ですから、余計に大衆はその秘伝を知りたがるのでしょう。レシピには本場さながらに干しタケノコの戻し方とか豚の皮骨からスープを取る方法などが書いてあって、かなり専門的でした。

調理経験が豊富な人でなければ難しいと思われる内容ですが、そのなかで支那そばの命ともいえる叉焼を家庭で作るための方法がイラストで描かれていました。

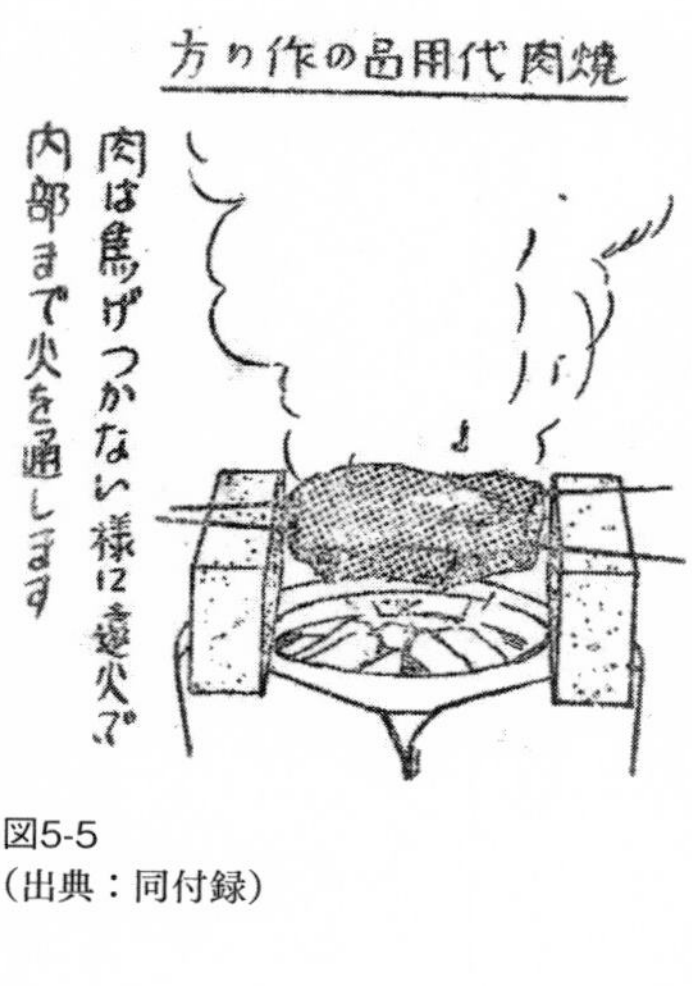

図5-5
（出典：同付録）

◆検証◆

レシピどおりに作ってみました。スープは豚の皮と骨を醤油で煮たものがメイン、鶏がらを煮たものがサブという使い方です。麺に載せる具は薄切り焼豚、干しタケ

ノコ、小口切りのネギ、浅草海苔。そして「焼豚代用品の作り方」と書いたイラストが掲載されていましたが、「これが代用品か！」と疑いたくなるくらいキチンとしていました。

◆「焼肉代用品」の作り方◆

・豚のもも肉百グラムをつけ汁に漬け込む（つけ汁＝醬油九十cc・黄ザラメ四十五グラムを煮溶かして冷ましたものに、生姜の搾り汁三十グラム・みじん切りの長ネギ四十五cc）。このつけ汁に一時間くらい漬け込み、ときどき揉み込む。

・つけ汁から出した豚肉に金串を刺し、遠火の炭火で回しながら焼く。

・箸が自由に刺せるくらいまで焼き上げる。

◆検証◆

この図版どおりの作り方を再現してみましたが、なにせ炭火を使った直火焼きですから、煙がもうもうと立ち込めるうえに、「遠火」で焼くため時間がかかってしようがない。

しかし、豚の皮と骨をぐつぐつ煮出して取ったスープに、戻した椎茸、干しタケノコを加えると、いかにも中華そば的な麺類になりました。

家庭で作れる中華そば・ラーメンの初期手ほどき時代に書かれたレシピのなかから、以上の三つを選んで紹介してみました。

これらが明治から昭和初期までの料理本に書いてあった支那そば、中華そばの作り方で、その後、紆余曲折しながら今日のラーメンになっていくのです。

2　ラーメンという名前がごく自然に使われだしたころの手ほどき図版

戦後十年くらいたちますと、料理本の料理名が「支那そば」「中華そば」から「ラーメン」に変わっていきます。一九五七年の「主婦の友」で、そのころ巷で評判になっていた料理を二百種選び出し、そのレシピを書いた綴じ込み企画がありました。そこで紹介されていたラーメンの作り方です。

料理名：ラーメンの作り方

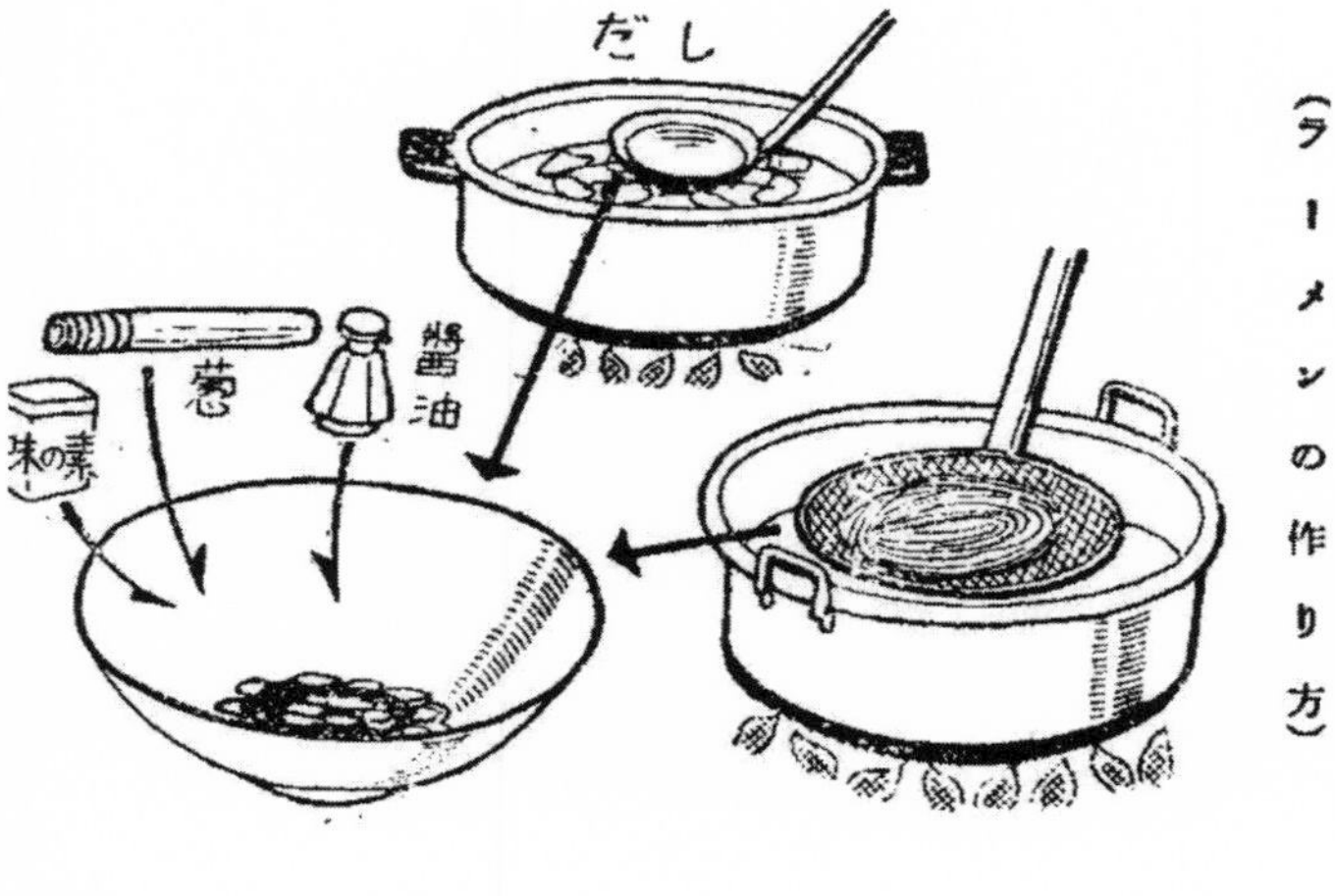

図5-6
（出典：「主婦の友」1957年4月号、主婦の友社）

出典：「主婦の友」一九五七年四月号、主婦の友社

まずは巻で評判になっているラーメンの基本的な作り方のイラストです。とってもわかりやすいですね。

上の図→出汁を取るのだ
右下の図→麺を茹でるのだ
左下の図→醤油と味の素と刻みネギに出汁を注ぐのだ

　この作り方をみると、一九三九年の『お惣菜料理』（「主婦之友花嫁講座」第一巻）、主婦之友社）で教わった支那そばの汁作りの教え（第2章を参照）をキチッと守っていることがうかがえます。

花嫁修業にラーメンの作り方が入っていた

料理名：支那そば
出典：主婦之友社編『お惣菜料理』（「主婦之友花嫁講座」第一巻）、主婦之友社、一九三九年

「主婦之友花嫁講座」の『お惣菜料理』は、雑誌の付録ではなく、主婦之友社が刊行した花嫁講座シリーズの一冊でした。結婚を控えた若い女性に、炊事・洗濯、お掃除・育児などの家事を学んでもらう本です。そのようなコンセプトで編集された『お惣菜料理』の巻にも「支那

蕎麦」のレシピが入っていたのですが、その内容は大ざっぱなものでした。レシピというよりは「支那そばとはこういうものですよ」の説明と言ったほうがいいくらいです。

◆作り方◆

・麺の茹で方＝お湯を煮立てて、支那そばの玉をほぐし入れ、色が変わって浮き上がったらザルに上げる——麺に関してはこれだけでした。

・汁の仕立て方＝「鶏骨（ガラ）から取ったスープをぐらぐら煮立たせておき、各自《めいめい》の丼に大さじ一杯の醤油を入れた上から約一・五デシリットルほど注いで、味の素で味を補い、つまり支那蕎麦のつゆを仕立てたら」と書いてありました。鶏がら＋醤油＋味の素でできる支那そばの汁の作り方こそが、花嫁修業中の料理初心者でも失敗がないレシピだったのでしょう。

・味付けをした汁に茹でた温かいそばを入れて、焼豚三、四切れと、タケノコ、青味などを載せる。

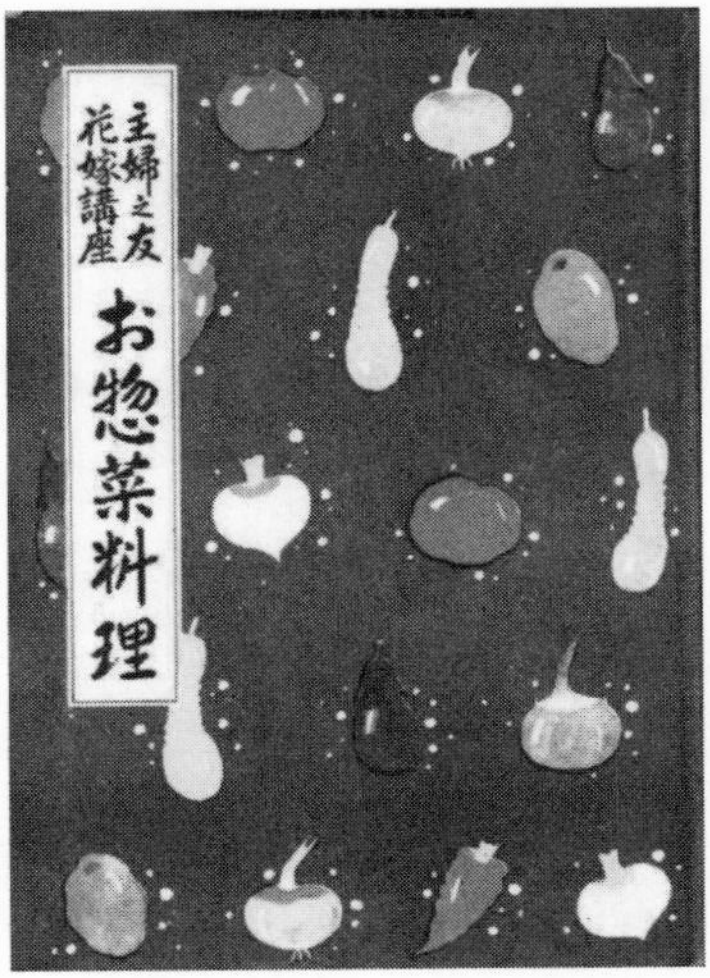

図5-7
（出典：主婦之友社編『お惣菜料理』〔「主婦之友花嫁講座」第1巻〕、主婦之友社、1939年）

◆検証◆

ズバリ、これは「チキンラーメン」でした。

鶏がらのスープは、明治時代以降のおでんのつゆにもふんだんに使われていましたから、日本人にはなじみがある味だったのでしょう。麺類の汁として必要な塩味やうまみを醤油と味の素で補っていますので、味の構成は日清食品の袋入り即席麺の「チキンラーメン」と似通っているのです。

九州ラーメンが豚骨スープとともに発達したのと同じように、東京ラーメンは鶏がらスープをベースにして発達したのです。結婚を控えた方の花嫁講座で鶏がらスープ＋醤油＋味の素が支那そばの基本であると教えたことが、その後のラーメンに少なからず影響を与えたと考えられます。

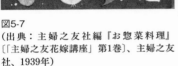

これでラーメンという料理の基本を押さえておき、巻ではやっているもやしそばの作り方に発展していきます。

料理名：もやしそば風ラーメン
出典：「主婦の友」一九五七年四月号、主婦の友社

これのベースになるのが、図5―6の「ラーメンの作り方」ですね。細かいことを言えば、野菜類はいったんラードで炒めてからスープに入れるとか、シナチク（メンマ）は味付けしたものを使うとかありますが、このイラストで全体像は見えてきます。

ラーメンという料理名が普及しはじめたこの時代のスープの特徴は――。

・出汁には豚肉、削り節を用いる。
・味付けは塩、醤油、砂糖、コショウを用いる。
・香りやコクにはニンニク、生姜、ラードを用いる。
このようなものだったのでしょう。

ラーメンといえばもやしそば
――創世記の定番メニュー

料理名：もやしそば
出典：「主婦の友」一九六一年十一月号付録「秋冬毎日のお料理」、主婦の友社

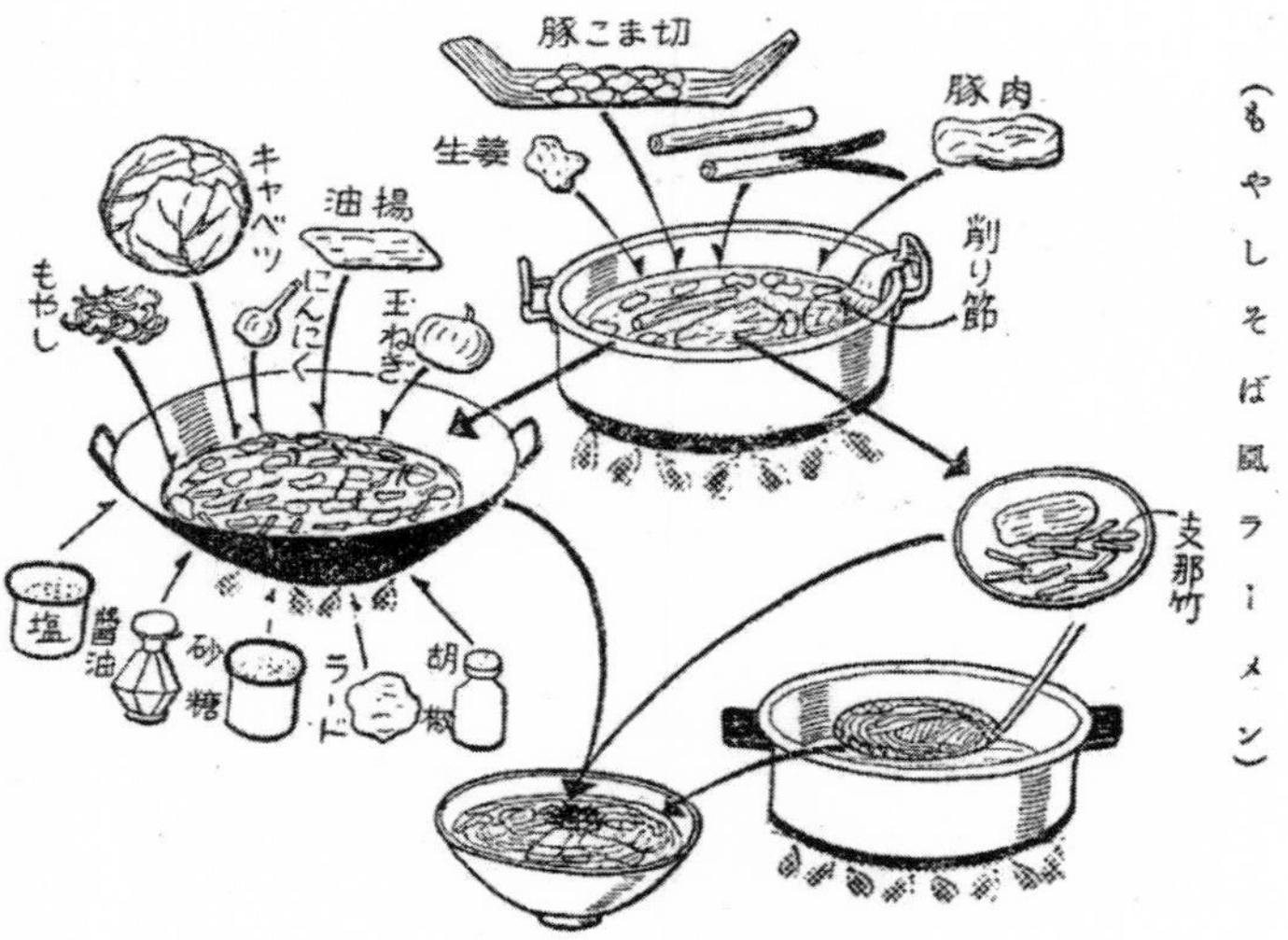

図5-8
（出典：「主婦の友」1957年4月号、主婦の友社）

醤油味の汁にアツアツの中華麺、値が張る焼豚は使わず、安くてボリュームがあるもやし餡をたっぷり載せたもやしそばこそが、庶民の食べ物＝ラーメンだったのです。

◆作り方◆

・千切りにした玉ネギと戻し椎茸を油で炒める。
・薄切りのナルトともやしを加え、椎茸の戻し汁、醤油、塩、砂糖で味を付ける。
・水溶き片栗粉でとろみを付ける。
・丼に醤油、コショウ、化学調味料、熱湯を入れて汁を作り、茹でた中華麺を入れる。
・最後にとろみを付けたもやし餡をかける。

◆検証◆

「支那そば」「中華そば」と呼ばれていた麺料理が、戦後に「ラーメン」と呼ばれるようになるまでのレシピを取り上げて、その足跡を追いかけてみますと、このようなことがわかってきました。

・まずは豚肉や鶏がらなどの中華風スープに、和風のそうめんやうどん麺で作り始めた。
・やがてうどんやそうめんのような純和風の麺から、かん水入りの中華麺を使うようになった。
・スープは豚骨や鶏がらにとらわれることなく、鰹節な

図5-9
（出典：「主婦の友」1961年11月号付録「秋冬毎日のお料理」、主婦の友社）

どの和風出汁も使っていた。
・大正から昭和にかけて普及しはじめた味の素が、ラーメンの重要な要素だった。

日本のラーメン誕生には、このようなバックボーンがあったのです。

3 「支那そば」「中華そば」から「ラーメン」へ

料理名：支那そば
出典：「主婦之友」一九三八年新年号付録「冬の和洋料理千種の作方」、主婦之友社

レシピの冒頭には「近頃は、支那そばの玉が、とても安価に、どこででも手に入りますから、簡単にできます」とありました。この料理本より十年くらい前の本では、支那そばの麺を売っている店が少ないことから、自分で麺を作るためのレシピが載っていました。

これらのことから、東京では昭和の初期に中華麺を製造するところが増えたと考えることもできます。支那そばの麺が容易に入手できるようになりますと、レシピはスープと具の作り方が中心になります。

◆作り方◆
・スープについては、「鶏骨のスープを取って、ぐらぐら煮立てておき」としか書いてありません。
・味付けは、鶏骨のスープを大さじ一杯の醤油を入れた丼に注ぎ、味の素で味を調えるだけです。
・この丼に、茹でた麺を入れ、薄切り焼豚三、四枚とタケノコの煮付けを載せるとありますから、写真の丼の一時と十時の位置に見えるのが焼豚で、三時、八時付近がタケノコの煮付けでしょう。

◆検証◆

このレシピどおりに作りますと、鶏がら出汁が効いた醤油味――ということで、鴨南蛮の麺だけを、中華麺に代えたような麺料理です。しかし、鴨肉でなく焼豚が、シナチク風の煮付けたタケノコが、そしてかん水入りの麺が使われていることで、十分に異国情緒＝中華風情を味わえる麺料理になっていました。

料理名：手打ちの支那そば

図5-10
（出典：「主婦之友」1938年新年号付録「冬の和洋料理千種の作方」、主婦之友社）

出典：「主婦之友」一九三九年四月号付録「お惣菜向きの洋食と支那料理三百種」、主婦之友社

◆作り方◆

・かん水なしで支那そば麺を打つ方法＝塩を茶さじ三杯、重曹を茶さじ一杯、卵二個を溶き、水二百三十cc、メリケン粉（小麦粉）七百五十グラムを練り込んでよくこねる。これを薄くのばして折り畳み、包丁で細く切る。

・かけ汁の作り方＝スープ（鶏骨と思われる）に塩と醤油で味付けをする。

・載せる具は、薄味を付けたホウレンソウや椎茸、ハムや鶏肉、豚肉の千切り（レシピには詳しい説明はないけど、たぶん茹でた豚肉のこと）。

◆検証◆

「支那そばも手打ちでなくては本当の美味しさは味へません」と冒頭に書いているだけに、麺作りが中心のレシピで、スープや具材には詳しくふれていませんでした。しかし、この時代の支那そばの必須アイテムは、薄く切った焼豚やハムなどの肉類と、薄味を付けた青味野菜、

図5-11
（出典：「主婦之友」1939年4月号付録「お惣菜向きの洋食と支那料理三百種」、主婦之友社）

タケノコや椎茸などであることがうかがえます。

レシピに「かんすゐ無しで麺が打てます」とありますが、かん水のかわりに重曹（重炭酸ナトリウム）を使っています。中華麺を打つときに使うかん水は炭酸ナトリウムや炭酸カリウムが主成分ですから、重曹でも代用可能です。メリケン粉（小麦粉）、卵、重曹、塩があれば中華麺は問題なく打てますが、注意すべき点は重曹を入れすぎないことでした。重曹が入ることで噛みごたえや粘りが生まれますが、多すぎると苦味が出てきます。

「ラア麺」という表記は一九三四年の料理本にあった

料理名：ラア麺

出典：「婦人倶楽部」一九三四年十二月号付録「温くて美味しい冬の家庭料理」、大日本雄弁会講談社

◆作り方◆

・スープと具材を同時に調理します。

・丸ごとのニンジン、玉ネギ、豚肉の塊を、水を張った鍋に入れて火にかける。このときアクを取るために布巾に包んだ卵の殻も入れる（卵の殻にアクが付着する）。

・沸騰後、弱火で四十分から五十分煮たら、火を止めて

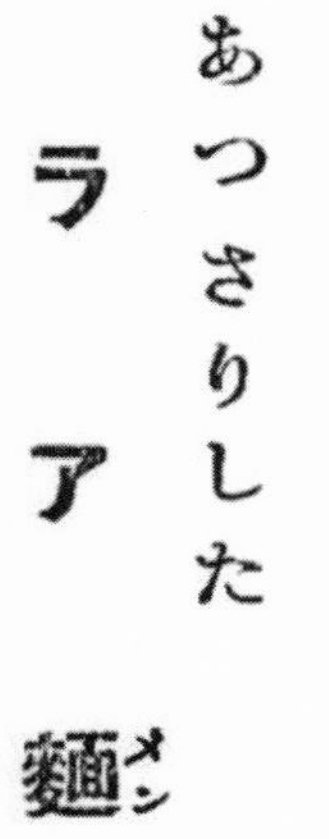

図5-12
（出典：「婦人倶楽部」1934年12月号付録「温くて美味しい冬の家庭料理」、大日本雄弁会講談社）

図5-13
（出典：同付録）

冷ます。

・冷めたら豚肉、ニンジン、玉ネギを取り出して適当に切っておく。
・このスープに塩、醤油、コショウ、味の素で味付けをする。
・買ってきた支那切り麺を茹でて水にさらし、粘りが取れたらザルに取る。
・その麺を再び熱湯で温めて丼に取り、具とスープを入れる。
・仕上げに茹でたホウレンソウを載せる。

◆検証◆

興味深い一文が、このレシピにありました

「これは支那風の麺料理ですが、一寸拵《こしら》え方を変えてみましたところ、あまり支那麺などを好まなかった主人が大喜びで頂くようになりました」と冒頭に書いてあります。

これは何を意味しているのでしょうか？　察するに、中国直輸入的な中華麺は、和食ばかりを食べてきたご主人の好みには合わなかったが、このレシピを書いた奥さまがアレンジした中華麺は好みに合っていたということではないでしょうか。

このあたりで日本の「支那そば」が、中華麺料理のコピーから日本化していったのでしょう。当時の中華料理本に「拉麺」表記はありましたが、漢字にルビを振ったラメンもしくはラーメンでなく、カタカナでの「ラア麺」表記はこの本で初めて見ました。

「婦人倶楽部」の付録料理本で使われている表記ですから、調べれば基になる資料があるのかもしれませんが、いまのところ見つかりません。もしかしたら、今日使われている「ラーメン」という表記のもとになったのかもしれません。

十人十色に仕上がるラーメンレシピ

料理名：中華そば
出典：「主婦之友」一九五二年新年号付録「お惣菜料理集」、主婦之友社

◆作り方◆

なんとも大ざっぱなレシピでした。仮に十人がこれを読んで作ったとしたら、全く異なった中華そば十通りができるでしょう。後学のために全文お読みくださいまし。

「熱湯でちょっとゆがく」……何分くらい？

「熱いお汁を」……どんな出汁？　味付けは？

中華そばの麺は「玉になっているのを買って」くればすみますが、スープのほうはこのレシピでは十人十色でしょ。

すまし汁もあれば味噌汁もあるし、醤油味のかけ汁、カレー汁だってある。中華そば麺を使用した自由自在の

図5-14
（出典：「主婦之友」1952年新年号付録「お惣菜料理集」、主婦之友社）

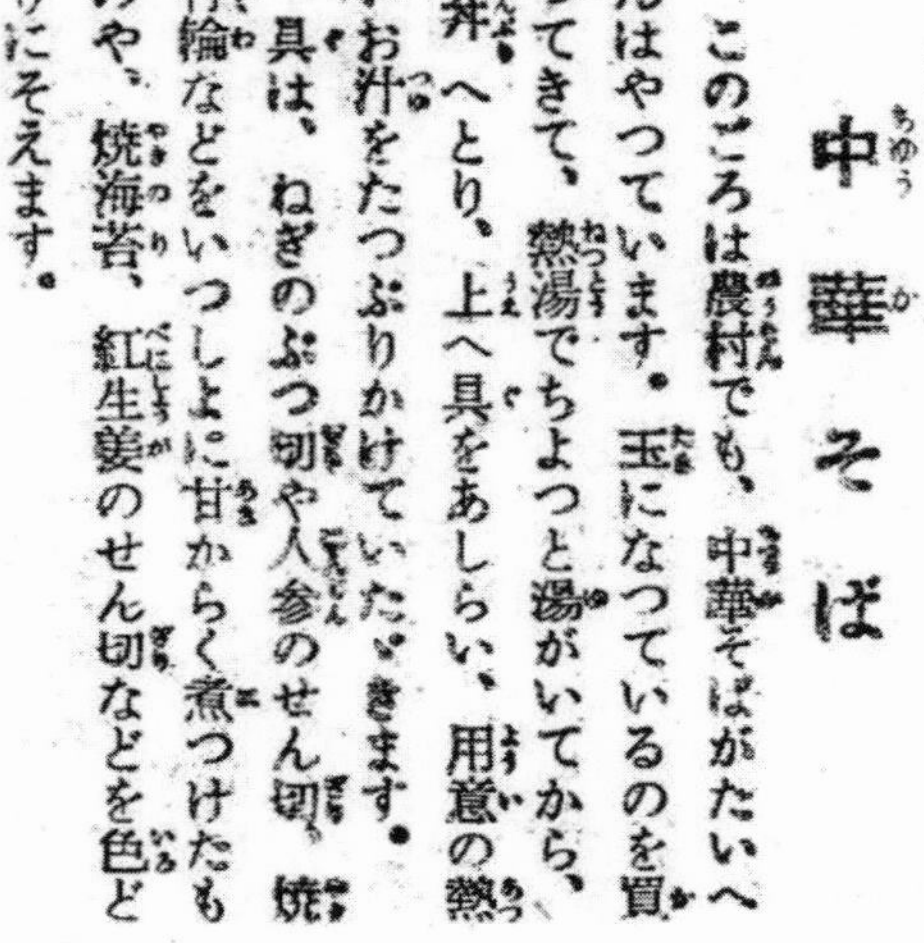

中《ちゆう》華《か》そば

このごろは農村《のうそん》でも、中華《ちゆうか》そばがたいへんはやっています。玉《たま》になつているのを買《か》つてきて、熱湯《ねつとう》でちよつと湯《ゆ》がいてから、丼《どんぶり》へとり、上《うえ》へ具《ぐ》をあしらい、用意《ようい》の熱《あつ》いお汁《つゆ》をたつぷりかけていただきます。具《ぐ》は、ねぎのぶつ切《ぎり》や人参《にんじん》のせん切《ぎり》、焼竹輪《やきちくわ》などをいつしよに甘《あま》からく煮《に》つけたものや、焼海苔《やきのり》、紅生姜《べにしようが》のせん切《ぎり》などを色《いろ》どりにそえます。

図5-15
（出典：「主婦之友」1952年新年号付録「お惣菜料理集」、主婦之友社）

麺料理だったという見方もできますが、手に入る食材を自分で工夫して作りなさい——ってことでもありますね。民主主義ニッポンになって七年たったころのレシピでした。

4　ラーメン屋の歴史・創世記

「ラーメン屋」という呼び名がつくようになったのは戦後のことで、それ以前は、「支那そば屋」とか「中華そば屋」と呼ばれていました。

この商売も夜鳴きうどん（そば）同様、固定店舗を構えずに、屋台での移動販売から始まりました。今日では高級料理店になっている「寿司屋」「てんぷら屋」「かば焼き屋」だって、始まりはみんな屋台店だったと言われています。

それまでになかった新しい料理ですから、最初はお客が来てくれるかどうかもわかりません。そんな商売を始めるのに、いきなり固定店舗を構えるなんて誰が考えてもリスキーですから、まずは屋台で「おためし」してみる……というのが常道なんでしょうね。

関東大震災後や第二次世界大戦後、焼け出されて固定店舗を構えるだけの資金がない人たちでも開業できる商売だったのです。

「特製支那蕎麦の種明し」
——「プリゝしたのは手打ちに限る」

ラーメン屋（支那そば屋）とはどういうものなのかをわかりやすく種明かしした「特製支那蕎麦の種明し」という記事を、雑誌「料理の友」（一九一三年創刊）の一九

図5-16
（出典：「料理の友」1930年4月号、料理の友社）

三〇年四月号にみることができました。

書いたのは石原猶文。当時の支那そば・中華麺事情が書いてあり、ここには「ラーメン」という表記もありました。内容を要約してみます。

そば屋は利益率がいい（ここでいうそばは支那そばでなく和風そばのことです）

メリケン粉は非常に安価なので、「うどん玉一つが一銭内外」ですむ。そばにしてもそば粉半分、メリケン粉半分だし、そもそもそば粉も高価ではないから安くできる。

そば屋は新方面へ発展している（このそば屋も和風そば屋のこと）

最近のそば屋では天丼、親子丼、卵丼、板わさなども出すし、洋食のカレーにも手を出しはじめている。ただしそば屋では洋食屋のように「カレーライス」とは言わず、特製カレー丼と呼んでいる。

はなはだしきは支那そば、ワンタンまで始めていますが、どうもこういうそば屋に入ってそば切りや茶そばを食べる気にはならない。あまりに野暮である。

世間では支那そばと呼んでいるが、そばとつけたのは間違いで「支那うどん」と呼ぶべきだろう。

なぜそば屋で支那そばを出すようになったのか?

中華料理の支那そばは西洋支那料理店で食べるもので、麺は製造元から仕入れていた（ちなみに東京の製造元は西ケ原にあった）が、まだ支那そばの知名度が低かったのか、全く売れない日もあれば、麺が足りないくらい売れる日もあるような状態だったので、麺をどのくらい仕入れるかが難しかった。支那そばの麺を洋食屋のコックに打たせてもうまくできなかったが、そば屋の職人なら自前で打つことができたので、自然とそば屋が支那そばを出すようになった。これが（日本）そば屋で支那そばを扱うようになった理由である。

石原猶文言うところの支那そば麺とは

日本の「にゆうめん」のようなグチャグチャした支那そばはよくない。「一本一本がブルブル震えてゐるやうな」ものが舌触りがいい。そのためには「二〜三の薬品、調合物が」必要であるというのがネックになって難しいと思われているようだが、実は「うどん粉と、かん水代りの曹達《ソーダ》と、塩さへあれば」いいのです。私が知ったところではこのようなことでした。

分量比は、小麦粉一升・曹達《ソーダ》二つまみ・塩一つまみです。

曹達二つまみを蕎麦の丼に半分くらいの湯で溶き、一つまみの塩を混ぜる。それを冷ましてうどん粉を打つ時に使う。その麺を薄くのばして小口から切ればサラサラした支那そばの麺ができる。これだと麺一玉一銭二厘くらいしかかからない。

このような麺打ちは西洋料理のコックにはできなくてもそば屋の職人ならほとんどできる。

石原猶文はそば屋の支那そばをこのように説明したあと、支那そばではなくラーメンという表記で作り方を説明していました。

ご家庭のためのラーメンのこしらえ方

まず第一に焼豚を作るのですが、焼豚はその文字どおり叉焼（チャーシュー）のことです。しかし一般のチャブ屋（めし屋）で豚を焼くところはほとんどなく、醤油に味の素を用い、ときにあるいは少しばかりのコショウも入れて豚肉を五十匁《もんめ》（二百グラム弱）くらいの大きさのまま煮て使っている。

焼豚を煮た汁を丼に適量入れ、そこに刻んだネギを入れておく。

沸騰した湯で麺を茹で、ザルで水気を切る。

丼の焼豚煮汁に煮え湯を加えてのばし、水を切った麺を入れる。

具は煮ておいた焼豚の薄切り、薄醤油で煮た「支那竹」(これをラーと書いています)を使う。

石原猶文の体験したラーメン(支那そば)の作り方です。

◆作り方◆

・麺はソーダ二つまみ・塩一つまみ・小麦粉一升で作ったもの。

・焼豚は豚肉の塊を味の素とコショウを入れた醬油で煮て作る。

・ラーメンスープは焼豚の煮汁にスープを加えて作る(スープがなければ、熱湯や昆布出汁などで代用する)。

・具は薄切りにした焼豚、水で戻したシナチクを薄醬油で煮たもの。

以上が、「料理の友」の記事から読み取れた石原猶文の支那そば事情です。あくまでも石原猶文の見解ですから、この記事だけで「支那そばの元祖は……」ということはできませんが、参考にはなると思います。

5 インスタントラーメンの新世界

袋入りのインスタントラーメンが誕生したのは一九五八年でした(参考までに、カップラーメンの誕生は一九七一年です)。袋に入ったインスタントラーメン(当初は即席ラーメンと呼ばれていました)の作り方は、袋の裏側にこのように説明してありました。

1、鍋に水三百ccを入れて火にかける。
2、沸騰したら麺を入れ、箸でほぐして三分間茹でる。
3、麺が茹で上がったら、添付してある粉末スープを入れて溶かす。

メーカーによって違いはありますが、だいたいこれが当時のインスタントラーメンの作り方だったのです。

前節でみた大正から昭和初期のラーメンレシピに比べるとすこぶる簡便化されていて、味付けさえしませんから、これは料理とは呼べないのかもしれません。

大学生や当時の独身会社員には楽チンこの上なしで歓

迎されましたが、「手抜き」という言葉を嫌う日本のお母さんたちは、簡便化されたインスタントラーメンにいろいろと手を加えて我が家独自のラーメンにしていたのでした。インスタントラーメンだけじゃ不足しがちなビタミンやたんぱく質を摂取するために、野菜や肉類を加えて栄養バランスをよくしようとしていたんですね。ここでは、インスタントラーメンをベースにした「ひと工夫レシピ」を昔の料理本から拾い出してみました。そのなかには思いもよらないようなインスタントラーメンの調理法もあったのです。

ラーメンでおこしを作る？

料理名：ラーメンおこし
出典：主婦と生活社編『お菓子と飲物』（「カラークッキング」第八巻）、主婦と生活社、一九六八年

現代ではみやげ物でしか見なくなりましたが、「おこし」は古来から伝わる干菓子の一種です。米や粟などを蒸して乾かしたあとに炒ったものを、砂糖や水飴を煮詰めた糖液で固めて作ります。

そんな「おこし」を即席ラーメンで作るというレシピが載っていたのは、主婦と生活社の「カラークッキング」というシリーズのなかの一冊である『お菓子と飲物』という料理本でした。

図5-19
（出典：主婦と生活社編『お菓子と飲物』〔「カラークッキング」第8巻〕、主婦と生活社、1968年）

◆作り方◆

・ラーメンは一口大に切る（一度茹でた麺だと思われる）。
・大さじ四杯の砂糖と大さじ一杯の水を鍋に入れて火にかけ、糖蜜を作る。
・中火の揚げ油で麺がきつね色になるように揚げる。
・熱いうちに糖蜜の鍋に入れて蜜をからませる。
・刻んだピーナッツ、チェリー、アンジェリカをまぶす。

◆検証◆

要するに、もともと油で揚げてある即席麺をいったん茹でてやわらかくし、再び油で揚げるということです。こうすることで、硬かった即席麺も少しやわらかくなりましたが、コツは麺をなるべく薄くして揚げることでした。油で揚げると麺が硬くなってしまいますが、薄くかたどって揚げればパリッと噛み砕きやすくなります。

「揚げたてを糖蜜でからめる」と書いてあったので、糖蜜がわりにメープルシロップ、蜂蜜をからめてみました。こうしておくと「蜜」が染み込むせいか（?）、少しやわらかくなるようです。

この不思議なラーメンおこしを例えるならば、もともと麺に味が付いている「チキンラーメン」や「ベビースターラーメン」の塩味を、蜜の味に変えたもの——といったイメージです。これはおこしと呼ぶより、甘味ベビースターと呼びたいですね。

このラーメンおこしが、インスタントラーメンのアレンジ料理のなかで突出した珍メニューであることはいうまでもありません。主婦と生活社も他社との差別化を狙って載せたレシピだったのでしょうが、その後の家庭料理の手引書で見かけませんから、反応は芳しくなかったのでしょう。というより、受けを狙った編集者による珍メニューだったと思われます。

三分間茹でるだけで食べられることが最大の売りだった即席ラーメンを、茹でて、油で揚げて、わざわざ手間をかけて作った糖蜜にからめるなんて、本末転倒っていうんじゃないかしらん。

6 一九六〇年代は手を加えたインスタントラーメンの時代

袋入りインスタントラーメンは、発売当時は「即席ラーメン」と呼ばれていました。スープも練り込まれた乾燥フライ麺の「日清チキンラーメン」（日清食品）が誕生したのは一九五八年。その後、スープを別袋で添付したフライ麺が主体になります。「チャルメラ」「出前一丁」「サッポロ一番」などが続いて発売されました。

これら即席ラーメンの発売当初は、鍋で湯を沸かし、袋から出した麺を入れて数分間茹でて、最後に添付されているスープの素を入れ、それを丼に移して食べるだけでしたが、料理本や雑誌ではすぐに即席ラーメンをベースにしたプロトタイプ麺料理が紹介されるようになります。

麺とスープだけが提供される即席ラーメンですから、手を加える余地が十分にあったので前節で紹介した「ラーメンおこし」のような突拍子もない麺料理まで登場しましたが、これはあくまでも例外で、よく紹介されていたプロトタイプ即席ラーメンは次のようなものでした。写真と簡単な説明だけを掲載します。

ソース焼きそばとは一線を画す揚げ麺

料理名：即席焼きそば

出典：「主婦の友」一九六二年十一月号付録「おかずとお客料理」、主婦の友社

◆作り方◆

・茹でた即席麺を油で揚げる。

・戻した干し椎茸、ピーマン、ニンジン、玉ネギ、もやしを炒める。

・椎茸の戻し汁に塩、コショウ、化学調味料、片栗粉を加えて熱する。

・加熱してとろみが付いたら揚げた即席麺の上にかける。

図5-20
（出典：「主婦の友」1962年11月号付録「おかずとお客料理」、主婦の友社）

◆検証◆

二十一世紀ではたいていの人が「即席焼きそば」という料理名からソース焼きそばを連想すると思います。一九六二年ごろは、「焼きそば」といえば、油で揚げたパリッとした麺にドロッとした野菜餡をかけたものでした。

この作り方をみると、即席ラーメンを使って……というよりは、普通の乾麺を使った焼きそば（餡かけ焼きそば）の作り方と同じです。こんなに手をかけたんじゃ「即席」返上ですね。

最後に一つ気になるのが、即席ラーメンに添付されたスープの素がレシピには出てきません。残ったスープの素はどーしちゃったんだろう？　これを使わないんだったら、即席ラーメンを買った意味がないような気がします。

和風スパゲティと同じ感覚の即席ラーメン

料理名：山かけラーメン

出典：「暮しの手帖」第六十八号、暮しの手帖社、一九六三年

図5-21
（出典：「暮しの手帖」第68号、暮しの手帖社、1963年）

◆作り方◆

・普通にインスタントラーメンを作り、まず麺だけを丼に移す。
・鍋に残った汁で、すりおろしたヤマイモをのばし、ラーメンの上からかける。

◆検証◆

レシピどおりに、ラーメン汁ですりおろしたヤマイモをのばして、汁なしラーメンにかけてみました。そうすると丼のなかにはほとんど汁が残りません。ヤマイモにはラーメン汁の味が付いているからおいしいのですが、肝心の麺自体にはあまり味が付いていなくて物足りない気がします。

解決策として、ラーメンはラーメンで完成させ、おろしたヤマイモには別途出汁醬油で味付けをしてから載せることにしました。塩分を気にする人もいるでしょうが、そもそもこの一人前のラーメンを食べるために必要な量のスープですから、そこに味が付いていないヤマイモが加われば、物足りないのは当然でしょう。

おいしかったか、おいしくなかったかは……人によるでしょうね、とだけ答えておきます。

手抜きじゃなくってよ！的な即席ラーメン

料理名：インスタントちゃんぽん
出典：「主婦の友」一九六五年六月号付録「家庭料理三〇〇種」、主婦の友社

◆作り方◆

・豚肉一口切り、キャベツざく切り、ニンジンの短冊切り、サヤエンドウなどを油で炒め、茹でたインスタントラーメンを加える。

図5-22
（出典：「主婦の友」1965年6月号付録「家庭料理三〇〇種」、主婦の友社）

料理名：かにそば
出典：「奥様手帖」一九六五年十一月号、味の素サービス

図5-23
（出典：「奥様手帖」1965年11月号、味の素サービス）

◆検証◆

インスタントラーメンとはいいながら、普通のちゃんぽんを作るときと同じように肉や野菜を油で炒め、そこにインスタントで作ったラーメンを加えていますから、十分に「調理してる」ラーメンでした。

このように、具が入っていない「素ラーメン」に肉入り野菜炒めを載せる調理法は一九六〇年代から七〇年代にはやりました。

例えば「主婦の友」一九六二年十一月号付録「おかずとお客料理」にも同じような作り方のインスタントラーメンが紹介されていて、そちらは「即席麺でタンメン」という料理名でした。

お湯を注ぐだけで食べられる——だけだった即席麺に、肉や野菜の具を加えることを始めたのは、戦後の栄養教育を受けた母親たちだったのでしょう。その後も、母親たちは即席麺に入れる具の種類を増やしていき、少しでも栄養価が高いインスタント食品にしようと努力していました。

奥さま自慢的な即席ラーメン

◆作り方◆

・インスタントラーメンを普通に茹でて水切りをする。

・クノールチキンスープを溶かしたスープに水切りした麺を入れ、ほぐした蟹缶、細切りのネギを上に載せる。

◆検証◆

掲載されていた「奥様手帖」のスポンサーの商品＝クノールスープをスープに使っていますから、ベースになるインスタントラーメンが味噌味であれ何であれ、これはクノールスープ味のラーメンなのです。もとから付いていた袋入りのスープは使っていません。トッピングも、先の焼きそばのような手が込んだものではなくなっています。野菜を切ったり、肉を炒めたりせず、インスタントスープや缶詰を組み合わせることでグレードアップしはじめたんですね。

ごくスタンダードな即席ラーメンの作り方

料理名：インスタントラーメンのお夜食

出典：「婦人倶楽部」一九六五年九月号付録「毎日のおかず三〇〇種」、講談社

◆作り方◆

・付け合わせるもの＝ハム、茹で卵、キャベツ、長ネギ、ホウレンソウ、もやし、椎茸、シナチク、焼豚、鶏肉など。

・「夕食のおかずの中から二、三品を少しずつ取りわけ

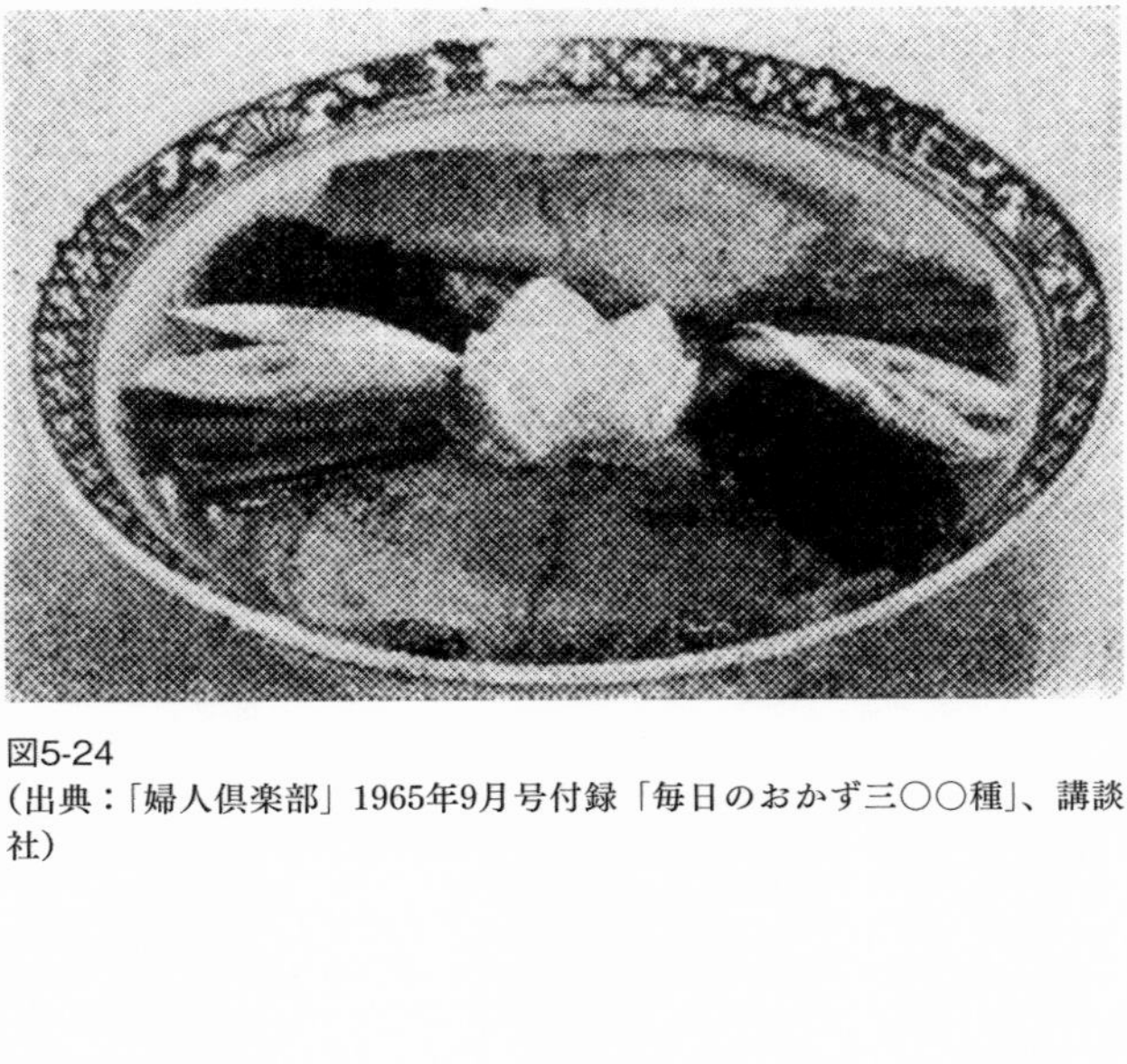

図5-24
（出典：「婦人倶楽部」1965年9月号付録「毎日のおかず三〇〇種」、講談社）

ておき」（略）「きれいな中華どんぶりに盛れば、一層美味しさを」……と、書いてありました。

◆検証◆

このような使い方こそが、当時のやさしいお母さんが作るインスタントラーメンのお手本のように感じます。日常の朝食、お弁当、夕食、そしてまた翌日の朝食——というルーティンワークのなかでストックされた「作り置き惣菜」を利用してインスタントラーメンをグレードアップさせるのが、腕の見せどころだったのでしょう。

7　一九六〇年代後半、もはやインスタントとは言わせない

一九六〇年代前半は、茹でてスープの素を入れるだけのインスタントラーメンに、少しの工夫を加えることで、ちょっとだけましなインスタント料理を作っていました。

それが、一九六〇年代後半になってくると、「えーっ！　これがインスタント？」と驚くような写真も料理本でみられるようになります。それらのいくつかを並べてみました。

五目ラーメン

料理名：五目ラーメン
出典：「奥様手帖」一九六七年四月臨時号、味の素サービス

◆作り方◆

・普通のインスタントラーメンに多めのごま油で炒めた豚肉、キャベツ、もやし、長ネギを載せ、仕上げに茹で卵とハムを加える。

図5-25
（出典：「奥様手帖」1967年4月臨時号、味の素サービス）

旅行麺

料理名：旅行麺（即席そば）
出典：主婦と生活社編『パン・めんとごはんもの』（「カラークッキング」第五巻）、主婦と生活社、一九六八年

図5-26
（出典：主婦と生活社編『パン・めんとごはんもの』〔「カラークッキング」第5巻〕、主婦と生活社、1968年）

旅行麺（即席そば）

●2人まえ　10分（材料は写真参照）
①白菜は5センチ長さに切り、さやえんどうはスジをとる。
②鍋に油・塩各小さじ1強を入れて熱し、煙が出たら湯カップ3と野菜を入れてサッと煮る。
③次に即席タンメンを入れ、柔らかくなったら器に盛り、しょうが汁を落とす。
コツ　塩を焼いたあと、手早く湯を入れる。
（楊）

図5-27
（出典：同書）

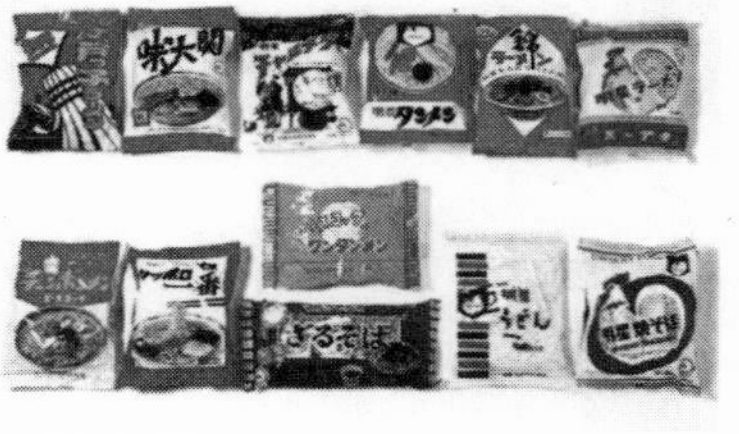

即席めんとスープの素

即席めんは取り合わせにくふうを

デパートの食品売場、スーパーマーケットなど、どこでもインスタント食品が山と積まれている。

図5-28
（出典：同書）

五目そば

料理名：五目そば

出典：主婦と生活社編『パン・めんとごはんもの』（「カラークッキング」第五巻）、主婦と生活社、一九六八年

図5-29
（出典：主婦と生活社編『パン・めんとごはんもの』（「カラークッキング」第5巻）、主婦と生活社、1968年）

五目餡かけ

料理名：五目餡かけ

出典：「魚菜」一九六九年三月号、魚菜学園出版局

図5-30
（出典：「魚菜」1969年3月号、魚菜学園出版局）

インスタントラーメン天津風
料理名：インスタントラーメン天津風
出典：「魚菜」一九六九年三月号、魚菜学園出版局

図5-31
（出典：同誌）

8　即席ラーメンのまとめ

鍋で湯を沸かし、麺を茹でたら添付のスープを溶かすだけで食べられるのがインスタントラーメンの「売り」でした。なのに、ニッポンのお母さんたちはそこに炒めた野菜をたっぷり入れたり、ハムや肉、卵などのたんぱく質も加えてせっせと調理して入れていたのです。

そこには、「インスタントラーメンを使っていたって、ちゃーんと手作りしてるのよぅ、手抜きなんかじゃないんだからぁ〜」という気持ちが見え隠れしていました。そんなに手間をかけちゃインスタントの意味がないじゃんっ……とは言えないような空気が漂っていたのかもしれません。

袋麺は麺を茹でる作業＝調理をするための台所（コンロ）が必要でした。台所→コンロ→鍋で煮るという作業をしていれば、ついでにハムも茹でちゃおうとか、もやしも入れようかなどと思いつくこともあるでしょう。カップ麺は熱湯を注ぐだけで食べることができたため、湯沸かしポットのような湯を沸かす器具があればことが足

ります。ハムやもやしなどをわざわざ買って冷蔵庫に入れておいて、カップ麺を作るときにそれらを入れるという行為はしなくなります。そうなると、調理をする台所はなくてもかまわない。一九五八年の袋入りラーメン登場から七一年のカップ麺登場までの十三年間が、即席ラーメンをベースにして料理を作る時代だったのです。

実際、一九七〇年代半ば以降の料理本では、袋麺を使ったアレンジ料理はあまり見かけなくなっていきます。袋麺をベースにして具を加えたり、味付けを変えるなどのアレンジをすることがなくなっていくのは、カップ麺ができてからでしょう。カップ麺には広東麺もあり、麻婆麺もあり、タンメンも叉焼麺もお湯を注ぐだけで食べられるものですから、もはや料理本に登場するものではなくなったのです。

コラム　有名人と麺料理――開高健&牧羊子：一九六四年のラーメン事情

本格的な中華料理店でなく、気軽に食事をするために利用するのがラーメン店でした。東京のような都会にラーメン店が増えてきたのが一九六〇年代でした。その時代のラーメン事情を、作家の開高健とその妻・牧羊子の二人がそれぞれの立場で語った記事が「主婦の友」一九六四年八月号（主婦の友社）に掲載されていました。

言葉の端々に当時の「ラーメン店」「インスタントラーメン」「冷やし中華」に関する情報がみえてきますので、この記事をテキストにして一九六四年のラーメン事情を読み解いてみましょう。

開高健は一九三〇年大阪生まれ、寿屋（現サントリー）宣伝部でコピーライターとして活躍し、六〇年に中国訪問、六四年十一月から「朝日新聞」臨時特派員として南ベトナム軍に従軍して体験記も書いた芥川賞作家です。「主婦の友」のこの記事は、ベトナム従軍の前に書かれたものです。

食文化にも造詣が深かった開高健は日本のラーメンについてこのように語っていました。

一説によるとラーメンは「柳麺」のなまったもので神田あたりにいた中国人の柳氏が屋台で自分の名前を冠して開業したのがそもそもの起りである……という説があるが、怪しいものである。そもそも柳氏なる人物がいたかどうかもわからない。ラーメンは不思議なる日本語となった。（略）

ラーメンとはいつごろからか、どこからともなく、泡のように生まれて、原子雲のように日本全国に広がった言葉である。

ラーメンの語源に関しては様々な説がありますが、結論をいうと諸説すべてが間違いではないと思われます。中華料理の「拉麺」をラウ麺と呼んだとか、「柳」さんが始めたから柳＝リュウ→リューメンがラーメンになったとか、様々な地方にいろいろな語源があったはずです。

新聞、雑誌、ラジオ、テレビなどのメディアが発達していなかったころだったら、ある地方で生まれた料理名はその地方でしか普及しなかったでしょうが、メディアが発達すると中央（東京）から発信された情報＝料理名があっという間に全国に知れ渡ります。そうすると内容がほぼ同じような麺料理を、地元では「支那そば」とか「支那うどん」とか呼んでいたとしても「へ〜、東京ではラーメンって呼んでるんだぁ、じゃ、うちもそうするかぁ」ってな感じでラーメンという呼び名に変更してしまう。

こうして、「ラーメン」という呼び名が全国に広まったわけですから、どーしても発祥の地とかどこの誰が最初に言い出した名前なのかを特定したいのなら、それは「メディア」の情報にあるのであって、特定の人や店ではないと答えるしかありません。

大阪から東京に出て来て初めてラーメンを食べた時、そのマズさ加減に呆れて、ものが言えませんでした。（略）

東京のラーメンは、やたらにどど辛くて、茶色で、下品、低劣、蒙昧、「鳴門巻」だの、「シナチク」だのがあくびしつつ濁汁のなかにおぼれていて、なんとも最低であります。

大阪生まれの開高健は麺類が大好物でしたから、おいしい麺類の基準は「昆布や鰹節の出汁が効いたかけうどん」の味だったのでしょう。しかし、一九六〇年代の東京のラーメンやうどんの汁は、出汁が効いていなくて醤油の味ばかりが目立つものだったから、開高健にとっては「どど辛い」としか言いようがなかったのかもしれない。

ときどきラーメン屋には巨大なスープ鍋のなかへ丸太ン棒のように豚の骨をほりこんでぐつぐつ煮ているところがありますが、あれは好もしい光景です。けれどなかには「だしの素」というものを買ってきて間に合わせている店もあります。（略）

江東の方に工場があって、行ってみたら、ラーメンの素、冷やし中華の素、焼き飯の素、濃縮オレンジ・ジュース、何でもかんでも濃縮して、東京の町へ放出している工場でした。

ここに書いてある「○○の素」は戦前から作られていました。そのころの雑誌広告には「チキンライスの素」とか「チャーハンの素」などをみることができます。開高健が書いた「何でもかんでも濃縮して」をおこなう工場は、かつて陸軍の兵食を作る軍需産業の一つでもありました。戦地に送る食料は、①軽量化すること、②小型化すること、③腐敗予防のために水分を抜くこと、が求められましたから、濃縮や乾燥の技術は重要だったのです。

図5-17　チキンライスの素・ハムライスの素の広告
（出典：「婦女界」1926年10月号、婦女界出版社）

実際に戦地に送られていた濃縮・乾燥食品には、粉末醤油、味噌、ソース、ラムネの素などがありました。そのような食品加工技術が、戦後はラーメンスープ、濃縮ジュースなどに使われていたのです。

> 中華麺の製造業者でも都内に五〇〇軒はあろうかというのです。（略）
> 揚子江菜館は冷やし中華が名物になっています。カラシ、または辣油を入れてよく混ぜて食べるのがコツです。

中華麺の製造業者が増えたということは、自分の店で麺を打つことが広まらなかったということです。

昭和初期の料理本に図版入りで説明してあった中華麺の打ち方も、引き継いだのは高級な中華料理専門店くらいで、街のラーメン屋は製麺所から麺を仕入れ、濃縮工場からスープの素を買ってラーメンを作る形態になっていたのでしょう。
また、中華の冷麺をアレンジして日本風にした冷やし中華という料理名も、この記事が書かれた一九六四年当時には揚子江菜館（東京都千代田区神田神保町）のような有名店では使われていたのですが、これが街の中華料理店やラーメン店にまで普及するのには、もう少し時間がかかります。

札幌ラーメンというのはちょっと変わった味ですが、札幌そのものでは冬になるとラーメンのなかに暖をとるためにトリスを入れる店もあります。

開高健のラーメン評はこのような文章で締めくくられていました。現代人は札幌ラーメン＝味噌ラーメンというイメージをもってしまいますが、一九六〇年代はまだ醤油味が中心で、その後、味噌ラーメンの時代が到来することになります。ただ、「暖をとるためにトリスを入れる」は、サントリー宣伝部にいた開高健のリップサービスではないかと思われます。
「主婦の友」のラーメン記事は、ここから妻の牧羊子に引き継がれます。

牧羊子は、食べ盛りの娘をもつ母親の感覚で、家庭で作るラーメンスープについて書いていました。インスタントではなく、豚骨や牛骨を使った本格的なスープを娘が好むので、「マユッバの警戒」をしながら、ラーメンタレの素を製造するメーカーを見学しにいっています。

荒川にあるメーカーの一つを探訪しました。その製品、たれの素、ビニール入り一袋を頂戴して、家でさっそく試食してみました。何の変哲もない、ちょっとしめっぽい茶褐色がかった粉ですが、煮立った湯二合に茶さじ二杯の配合で、ちょうど一人前分のほどよいラーメン汁ができました。（略）この中華たれの素は、百グラム入り六十円で、デパートの食品売り場で簡単に買えます。（略）味もかなりのところ、賞味できるというわけです。これを使えばインスタントラーメンよりもかなり本格的なラーメンが作れるということはハッキリと分かりました。

さすがに、家庭の台所で豚骨や牛骨を何時間もぐつぐつ煮てスープを作ることはできなかったのでしょう。その作業を町工場が請け負ってくれていたのです。

牧羊子が探訪したスープのメーカーというのは、先に開高健が書いていたタレなどを作る濃縮工場と同じでしょう。そこで手にしたのが「ちょっとしめっぽい茶褐色がかった粉」で、「中華たれの素」と表記されています。

現在ではインスタントラーメンに添付されているスープはサラサラした粉末が多いですが、このころの「中華たれの素」は、サラサラではなくねっとりとしたペースト状でした。私が生まれた家の近所にも、中華麺とスープの工場があり、そこで作られていた「中華たれの素」もほぼ同じでした。

原材料は鶏がら、豚や牛の骨、豚脂（ラード）、化学調味料、塩などで、それらを圧力鍋で煮たあと、水分を飛ばせばねっとりとしたペーストになるのです。これを現在のラーメンスープのようにサラサラの粉末にするためにはフリーズドライ製法を用いなければなりませんが、小さな町工場ではそこまではできなかったのではないでしょうか。

ちなみに、ここで牧さんが購入した「中華たれの素」はラーメンスープとはいわず、万能中華の素、みたいな呼び方をしていたと思います。

その後、豚骨、牛骨、鶏がらなどからスープを抽出するプラントに圧力鍋やフリーズドライなどの近代的な設備が加わり、うまみ成分の分析や合成の研究も進むと、より低コストで「〇〇の素」が作れるようになっていきます。

そのような設備投資や研究費用をもった大手食品会社が規模を拡大し、小さな町工場は吸収されていきました。開高健・牧羊子夫妻のラーメン探訪記からは、「ラーメン」という料理が、国民食の名乗りを上げたころのいろいろな情報が読み取れるのでした。

（インスタントのたれの素の
製造工場を見る牧さん）

図5-18
（出典：「主婦の友」1964年8月号、主婦之友社）

第6章　ソース焼きそばの生存戦略

1　焼きそばとパンとの出合い

ボクが親元を離れて地方の大学に入学した一九七五年ごろの学生の食事は、下宿や学生寮の「賄い食」か「自炊」「街の定食屋」しかありませんでした。

食事の栄養バランスなどは気にしておらず（そもそも栄養学的知識がなかった）、ただ空腹を満たせばＯＫという食べ方しかできなかった学生たちが飛び付いた、簡便食の一つが「焼きそばパン」だったのです。

といっても、現在のような出来合いの焼きそばサンドが売られていたのではなく、粉末ソース付きの焼きそば麺を買ってきて、フライパンでちゃちゃっと炒め、それを食パンに挟む、自作焼きそばサンドだったのです。

一九七五年には焼きそば用の生麺（粉末か液体のソース付き）三食入りが全国のスーパーで安く売られていて、それは袋入りインスタントラーメンよりも簡単に作れるため、一人暮らしにはうってつけの麺料理でした。

袋入りラーメンは鍋で湯を沸かし、そこにラーメンの乾麺を入れて三分ばかり茹で、麺がやわらかくなったら添付のスープの素を入れてできあがりだったのに対して、焼きそばのほうは手早く作れたのです。

フライパンに茹で麺とほんの少量の水を入れて火にか

け、沸騰したら麺をほぐし、残った湯を捨ててソースをまぶせばできあがりですから、ラーメンを作るときのように丼いっぱいを満たすようなお湯を沸かす必要がありません。火力が弱い電熱器しかもっていない下宿生にとっては「時短料理」だったのです。

それから約半世紀後の今日、焼きそばといえばソース焼きそばのことを指す……といってもいいくらい、普及しました。

現在、五十歳以下の人の場合、生まれたときにはすでにソース焼きそばが普及していて、焼きそば＝ソース焼きそばが普通の感覚だったのではないでしょうか。その人たちは成長する過程で「中華料理専門店の焼きそばは、ソース焼きそばとは違う焼きそばなんだ」と気がつきはするものの、最も親しみがある焼きそばは、やっぱりソース焼きそばなのでしょう。

そのソース焼きそばも、年月を経ていくうちに、ソース味から塩味や醤油味などへ枝分かれしていき、スパイスが効いたエスニック風とかトマト味のイタリア風などもみられるようになってきました。すき焼きや寿司のような日本の食文化を代表する料理とまでは言えませんが、食事ともおやつとも言いがたい愛すべき軽食としての地位は固めたと思われます。

かん水入りの中華麺を油で炒めたり揚げたりして作る焼きそばという料理が中国から入ってきたのは明治時代でしょう。それがどのような変遷を経て日本独特のソース焼きそばになるまでに至ったのか？　ソース焼きそばになるまでの様々な焼きそば料理のレシピを昔の料理本から取り出して、検証してみました。

とはいっても、古くは百年近く昔のレシピですから、当時と全く同じ食材は手に入りませんので、可能なかぎりそれらに近い食材を使って再現→試食→検証してみます。

2　日本焼きそばの始まりは五目焼きそば

今日の日本で食べられている焼きそばは、だいたい次の三つに大別できます。

・油で揚げた堅い中華麺にとろみ餡をかけた「堅焼きそば」。
・中華麺と肉や野菜などを塩味、スープ味で炒めたやわらかい「炒め焼きそば」。

図6-1
（出典：「料理の友」1936年11月号付録「家庭で出来る日支洋麺類料理百種」、料理の友社）

・炒めた中華麺に甘辛い中濃ソースやウスターソースで味付けした「ソース焼きそば」。

これらが代表的な焼きそばでしょう。

これらの焼きそばが日本で普及しはじめたのはいつごろだったのか、どのような食材をどのように調理してどんな盛り付けをしていたのかを探ってみました。

日本で焼きそばと呼ばれている麺料理のルーツは、中華料理の「炒麺」と「焼麺」と考えられます。

本場中国では使う材料によって料理名も星の数ほどあるようですが、日本の場合は大ざっぱに言って、「麺を油脂で揚げた堅い焼きそば」と「蒸し麺を炒めたやわらかい焼きそば」とに二分され、そのやわらかい焼きそばから枝分かれしたのが「ソース焼きそば」です。

日本の焼きそばは中華料理の炒麺や焼麺をそっくりコピーして、和名「五目焼き麺」と名付けた麺料理から始まります。

「料理の友」一九三六年十一月号付録「家庭で出来る日支洋麺類料理百種」では、日本風にアレンジした中華料理ではなく、できるだけ本場の焼きそばのコピーを日本で普及させようという意図が表れている本でした。

最初に紹介するのは「什景炒麺《スチンチャミエン》」に「五目やき麺」という和名をあてた焼きそばです。

インスタ映えの本格中華焼きそば什景炒麺

料理名：五目やき麺

出典：「料理の友」一九三六年十一月号付録「家庭で出来る日支洋麺類料理百種」、料理の友社

この五目やき麺のイラストを見たときの第一印象は「冷やし中華ですか？」という感じだったのですが、実はこれ、日本風にいうと揚げ麺を使った堅焼きそばだったのです。八十年前に書かれたレシピもわかりづらいので、実際にやってみた体験を加えながら作り方を説明し

ます。

◆作り方◆

麺

茹でた中華麺（切麺と表記していました）を「ラードでカラリと揚げて皿に盛る」と書いてありましたから、ほぐした茹で麺を穴開きのお玉に乗せ、横に広がらないよう、菜箸で盛り上げるようにしながら油で揚げると、なんとか台形状の揚げ麺ができました。

図6-2
（出典：「料理の友」1936年11月号付録「家庭で出来る日支洋麺類料理百種」、料理の友社）

具

卵

・生卵に水溶き片栗粉を加えてかき混ぜ、フライパンで薄焼き卵を焼く。
・冷めてから細切りにしておく（錦糸卵）。

とろみ餡

・豚肉をマッチ棒くらいの細さに切る。
・白菜を長さ四センチ、幅一・五センチに切る。
・干し椎茸を戻して細切りにし、ネギを薄切りにする。
・タケノコをマッチ棒くらいの太さに切る。
・もやしを洗っておく。

中華鍋にラード五十ccから七十ccを熱してこれらの具材を炒め、スープ［たぶん鶏がらスープと思われる］を注《た》し、酒、砂糖、醤油、味の素、塩で味付けし、最後に水溶き片栗粉を入れてとろみを付ける。

仕上げ・盛り付け

・器に盛った揚げ麺にとろみ餡をかけ、その上に、細く切った薄焼き卵、叉焼《チャーシュー》の細切り、蟹缶から出して細くほぐした蟹肉、缶詰のグリーンピース、これらをうまく盛り合わせる。

このようにして図版のような五目焼き麺が完成するのです。

◆検証◆

どーもこーも……とにかくラードが好きだったんですね。

天ぷらなどの揚げ物には植物油を使うことが当たり前の現代人にとって、たっぷりのラードで中華麺を揚げ、たっぷりのラードでとろみ餡用の具材を炒めるのは初体験でしたが、できあがった五目焼き麺はコクがあってすこぶるうまかった。

多量のラードを使ったわりに、脂っこさは全然感じません。ただし、冷めてくるとラードが白く固まってきますから、熱いうちに食べることが必須です。

盛り付けで、図版のように錦糸卵やタケノコ、叉焼などをきれいに張り付けるのは手間がかかるために、その後の日本の堅焼きそばは、仕上げの具を「張り付ける作業」をやめて、とろみ餡のなかに具材を全部混ぜてドロリとかけるようになっていったのでしょう。

見た目を捨てて「実」を取った五目焼きそば

料理名：五目焼きそば
出典：主婦之友社編『お惣菜料理』（「主婦之友花嫁講座」第一巻）、主婦之友社、一九三九年

先の五目やき麺が載っていた料理本から三年後、主婦之友社から出た「花嫁講座」シリーズ本で紹介されていた五目焼きそばです。

盛り付け方の違いは一目瞭然ですが、レシピを読むとその内容はほとんど同じなのでした。

結論を先に言っちゃいますと、先の五目焼き麺のほうは「本家の焼きそばを忠実に再現（コピー）」しようとしていたのに対して、こちらの五目焼きそばは「日本人がとっつきやすい焼きそばにアレンジ」していました。

じゃあ、どうアレンジされていたのか？を検証してみます。

・麺について

図6-3
（出典：主婦之友社編『お惣菜料理』〔「主婦之友花嫁講座」第1巻〕、主婦之友社、1939年）

ラードを煮立たせた中へ、そばをほぐしながら入れ、きつね色になるまで絶えずかき回しながら揚げて網の上に取り、油気を十分に切っておきます。

このように「ほぐしながら入れる」ことと、「絶えずかき回しながら揚げ」ることが明文化されています。

先の「五目やき麺」のレシピを読んで苦労した人がこちらのレシピを読んだら、「早く言ってよ〜、山盛りになるように穴開きお玉を使ったり菜箸でかき集めてみたり、苦労したんだからー」というのは間違いない。経験者には痛いほどわかるのです。

・具について
使う食材
①卵＝「茹でるか薄焼きにして飾ります」という表記だけです。これだけで日本人の場合は薄焼きにして細く切った錦糸卵のことだと理解できるからでしょう。
②とろみ餡について＝使う食材は、豚肉、白菜（またはキャベツ）、椎茸、玉ネギ、タケノコ、グリーンピース、蟹缶となっていますが、季節によって自由に取り換えま

しょうとも書いてありました。

そして下ごしらえはこうあります。

豚肉は一口くらゐに切り、筍《タケノコ》は縦二つに渡して小口切りに、椎茸は千切りに、白菜は細かく切っておき、玉ネギは二つに割ってから、薄く小口切りにしておきます。

いよいよとろみ餡の作り方になるのですが、

中華鍋にラードを引いて、蟹缶以外のもの全部を一緒に炒め、スープを入れ、塩、醤油、砂糖、味の素で味をつける。次にグリーンピースを一摑みほど入れ、水溶き片栗粉でとろみをつける。

となっています。

・仕上げ、盛り付けについて

これが先の五目焼き麺と違って簡素化されています。

焼そばを盛った上にたっぷりかけ、上に、卵を茹でるか薄焼きにして飾ります。

先の五目焼き麺では、ラードの分量や仕上げの飾り付けなど、中華料理の大事なポイントをきちんと伝えようという姿勢が見て取れましたが、こちらの五目焼きそばのレシピは日本人に受け入れられることを目的としているように見えます。

手打ち麺の五目焼そば

料理名：五目焼そば

出典：「婦人倶楽部」一九三九年新年号付録「三百六十五日 朝昼晩のお惣菜」、大日本雄弁会講談社

この五目焼きそばも同時代の料理本に載っていたものですが、このレシピは麺の打ち方から始まる本格的なものので、とても家庭料理教本で扱う内容とは思えないものでした。

イラストで麺ののばし方を紹介してはいましたが、レシピを読むとこの麺はかん水を使った中華麺ではなく、小麦粉に卵と塩と水を混ぜてこねた、いわゆるうどんの麺の打ち方でした。このあたり、すでに本場の焼きそば

図6-4
（出典：「婦人倶楽部」1939年新年号付録「三百六十五日 朝昼晩のお惣菜」、大日本雄弁会講談社）

から日本風の焼きそば、あるいは焼きうどんにアレンジされていることがわかります。

具材は、ニンジン、椎茸、豚肉、ネギとなっていますから、蟹缶、タケノコ、グリーンピースなどが抜けています。

これらを炒めるのも、このレシピではラードではなく「大さじ二杯ほどの油〔脂ではない〕で炒りつけ」となっていたし、炒めたあと、煮立てるのもスープではなく煮出汁を使うとなっていましたから、中華焼きそばの日本化が進んでいたようです。

とろみ餡の作り方にも変化がみられます。「水溶き片栗粉」だったこれまでの表記と違って、「片栗粉に味の素を混ぜ、そこへ酢大さじ二杯と水大さじ一

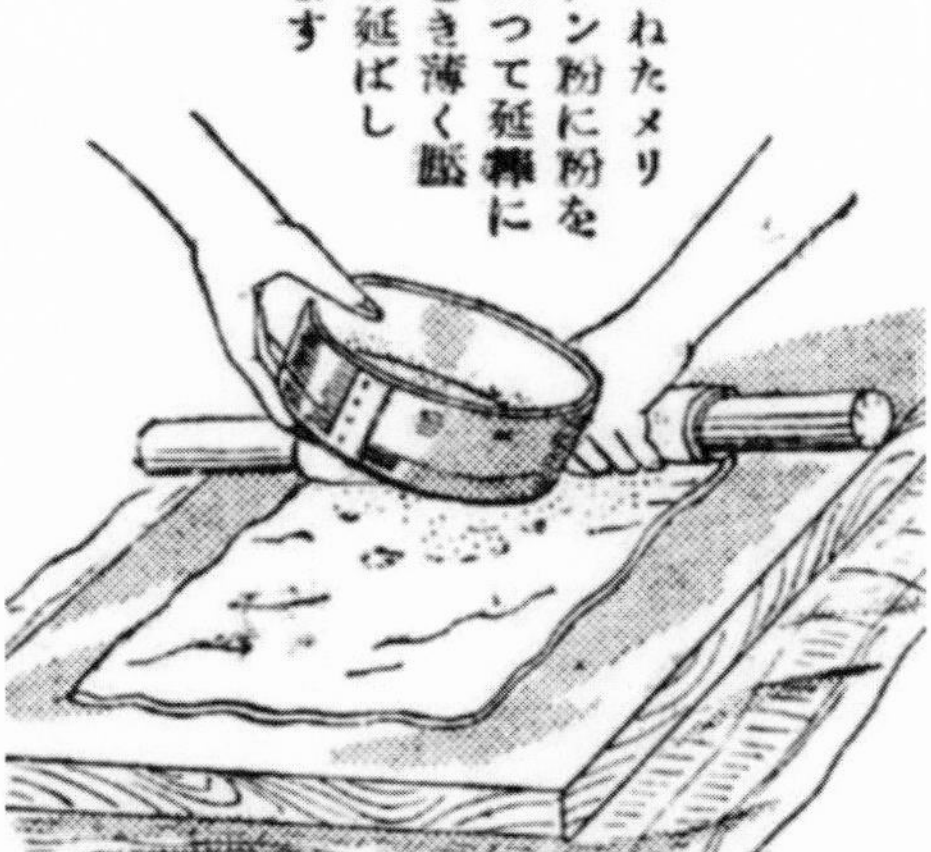
巻き薄く
し延ばし
ます

図6-5
（出典：同付録）

杯を混ぜて」と細かく書いてあります。

葛餡のようなとろみ餡には慣れていても、中華の脂ぎった料理に使うとろみ餡には不慣れだった日本人への配慮だったのではないでしょうか。中華料理に慣れた人なら、酢を少量入れることも、味の素に含まれるようなうまみをつけることも当たり前でしょうが、不慣れな日本人にはこのようなレシピが役に立ったことでしょう。

ケチャップとソースで炒めた肉なし焼きそば

料理名：いためそば

出典：「主婦の友」一九六一年十一月号付録「秋冬毎日のお料理」、主婦の友社

◆作り方◆

一見普通のやわらかい焼きそばです。

・中華蒸しそば（中華茹で麺）を大さじ一杯の油で炒める。

・薄い輪切りにしたちくわ、いちょう切りにしたニンジン、乱切りのキャベツと玉ネギ、これらの具を大さじ一杯の油で炒めます［肉類は入っていません］。

この具を先の麺に載せれば中華料理をまねた日本の焼きそばになるのですが、具の味付けがこれまでの日本焼きそばと違っていました。

・トマトケチャップ大さじ一杯、ウスターソース大さじ半杯、砂糖小さじ半杯、塩小さじ四分の一杯、コショウ、化学調味料を少々。

図6-6
（出典：「主婦の友」1961年11月号付録「秋冬毎日のお料理」、主婦の友社）

このような味付けをした具を、油炒めした中華麺にかけるのです。

◆検証◆

作ってみましたが、明治時代以降続いてきた中華料理をまねた塩味主体の焼きそばとはかけ離れたものになります。

一言でいうと甘辛い。ウスターソースが大さじ半杯入っていますから、今日のソース焼きそばに近い味ですが、ソース焼きそばよりも甘さを感じます。例えるなら、スパゲティ・ナポリタンとソース焼きそばの中間みたいな味でした。

一九六一年（昭和三十六年）の「主婦の友」十一月号付録「秋冬毎日のお料理」で紹介されていたこの「いためそば」ですが、同時代の料理本にはそろそろソース焼きそばが顔を出し始めた時期でもあります。

スパゲティ・ナポリタンはすでに広く知られていましたが、ソース焼きそばはこれから……というときでした。そんな時期に登場したこの「いためそば」は、ナポリタンとソース焼きそばを合わせたような炒め麺類だったのでしょう。

ソース焼きそばは良家のお子ちゃま御用達だった？

「昨日、焼きそばを食べました」と言った場合の焼きそばは、ソース焼きそばでしょうか、それとも塩味の中華焼きそばでしょうか？

料理本に出ていた焼きそばを可能なかぎり抽出してみましたら、戦前の焼きそばはほぼ全部が塩味の中華料理を模倣したものでした。戦後になってもその流れが続きますが、一九五〇年代から徐々にソース焼きそばが取り上げられるようになっていき、やがてソース焼きそばが焼きそばの主導権を握るかのように普及してきました。

ソース焼きそばがいつごろから、どのようにして世の中に広がっていったのかを追跡してみます。

ソース焼きそばが「家族団欒の風景」として掲載されていたのは、「主婦の友」一九五五年二月号（主婦の友社）でした。

食事というよりは家族団欒の夕べ……という感じの写真です。熱した鉄板の上で焼きそばを作っているニコニコ顔のお父さんは昭和期に活躍した漫画家・西川辰美さんです。

図6-7
（出典：「漫画家西川画伯宅のソース焼きそば団欒」「主婦の友」1955年2月号、主婦の友社）

◆作り方◆

・蒸し中華そば玉をほぐし、油を敷いた鉄板でさっと炒める。
・もやし、千切りキャベツ、ひき肉、小口切りのネギを加えて炒める。
・ソースをじゃっと回しかけて、手早く炒め混ぜる。
＊コショウを振りかけただけでもよく、酢、醤油でも結構です。

このレシピによると味付けの基本形はソースになっていて、別の選択肢として、
・コショウを振りかけただけ
・酢、醤油
でもよろしいということです。

◆検証◆

ズバリ、ままごと並みのお料理でした。えっ、味？……そりゃもう、アナタ、これまたズバリ、ソースの味です、ソースだぼだぼの味でした。

とはいえ、ままごと並みのソース焼きそばにだってコツというものがあるんですね。

基本は弱火でゆっくりじっくり作ることです。普通、中華料理の焼きそばは強火で手早くと言われていますが、ままごと的ソース焼きそばはその反対。なんでか？

もやしや千切りキャベツから水分が出て、下手すると

ベチャベチャ焼きそばになるんじゃないかと思ってしまいますが、その水分で中華そば麺がふっくら仕上がります。

また、じっくり加熱することで、キャベツやネギの甘味が増してきて、焼きそば全体のうまみにつながるのです。

「じゃっと回しかける」ソースも、この時代のソースはウスターソースですから、その後の中濃ソースのように甘くはありませんので、野菜の甘さが際立つのでしょう。「主婦の友」でこの記事が掲載された一九五五年ごろは、縁日の屋台や下町のお好み焼き屋でしか食べられなかったソース焼きそばが、「家庭の団欒」に取り入れられたころだったのでしょう。中華専門店で食べる焼きそばと比べて、お遊び的でもあり、おやつ的でもあったのがソース焼きそばでした。

大阪・道頓堀の名店・牧水のソース焼きそば

前項と同じ号の「主婦の友」に出ていたのが、大阪は戎橋筋のお好み焼き屋・牧水で鉄板焼きを食べる若い女性たちの写真です。

大阪の牧水の名物は牧水焼き（今日のお好み焼きのもとになったもの）ですが、マカロニ焼きや焼きそばもありました。

・焼きそば＝油はバターを使い、卵はつけて食べても、おそばの上から流して炒りつけても自由。
・マカロニ焼き＝焼きそばの中華そばが、茹でマカロニに代わったもの。ケチャップで味付けをする（このケチャップは、ケチャップとソースと味の素を合わせたもの

図6-8
（出典：「お好み焼きコンクール 焼そば 牧水焼き」「主婦の友」1955年2月号、主婦の友社）

のことをいう)。

前項の漫画家一家団欒のソース焼きそばと、大阪・牧水のソース焼きそば、これらに共通しているのは、中華料理店で食べる食事としての中華焼きそばではなく、娯楽的な焼きそばだったということでしょう。言い換えるなら、野菜や肉も入った栄養バランスがいい焼きそばに対して、ソース焼きそばは小麦粉のでんぷんばかり――というジャンクフード的焼きそばですね。

そんなソース焼きそばのルーツはお祭り＝縁日や駄菓子屋で食べる鉄板焼きにあると考えられます。

ボッタ焼きとソース焼きそば

西のお好み焼き、東のもんじゃ焼き、いずれも熱した鉄板に油を敷き、その上で水溶き小麦粉を焼いたものです。地方によって名前に違いはありますが、かつては「ボッタ焼き」と呼ばれることが多かったものです。

水で溶いた小麦粉を熱した鉄板に流して焼き、それにソースを塗って食べる――これを「一銭洋食」と呼ぶ文化もありました。水溶き小麦粉にキャベツを加えたり、天かすを加えたりしていって、だんだん豪華なお好み焼きに進化していくのです。

ソース焼きそばは、そのボッタ焼きの「ボッタ」＝水溶き小麦粉を、中華麺に代えたものだったのでしょう。

戦前では家庭で食べる料理の範疇には入っていなかったようで、料理本には出てきませんが、戦後十年くらいから、この「主婦の友」の記事のようにメディアに登場しはじめたのです。

縁日の焼きそばの作り方が家庭料理本に登場

一九六〇年の料理本には、図6―9のようなイラスト付きで作り方も紹介されていました。

料理名：焼きそば
出典：「主婦の友」一九六〇年十月号付録「秋冬 毎日の料理ブック」、主婦の友社

イラストを見ますと、黒い鉄板らしきものの上で蒸し中華そばの麺を二本の「コテ」でかき混ぜていることがうかがえます。しかし、レシピには鉄板に油を敷くことも、どんな野菜を使うのかも書いてありません。お料理のレシピとしてはあまりにも不親切ですが、考えようによっては「そんな細かいことはどーだっていい……」く

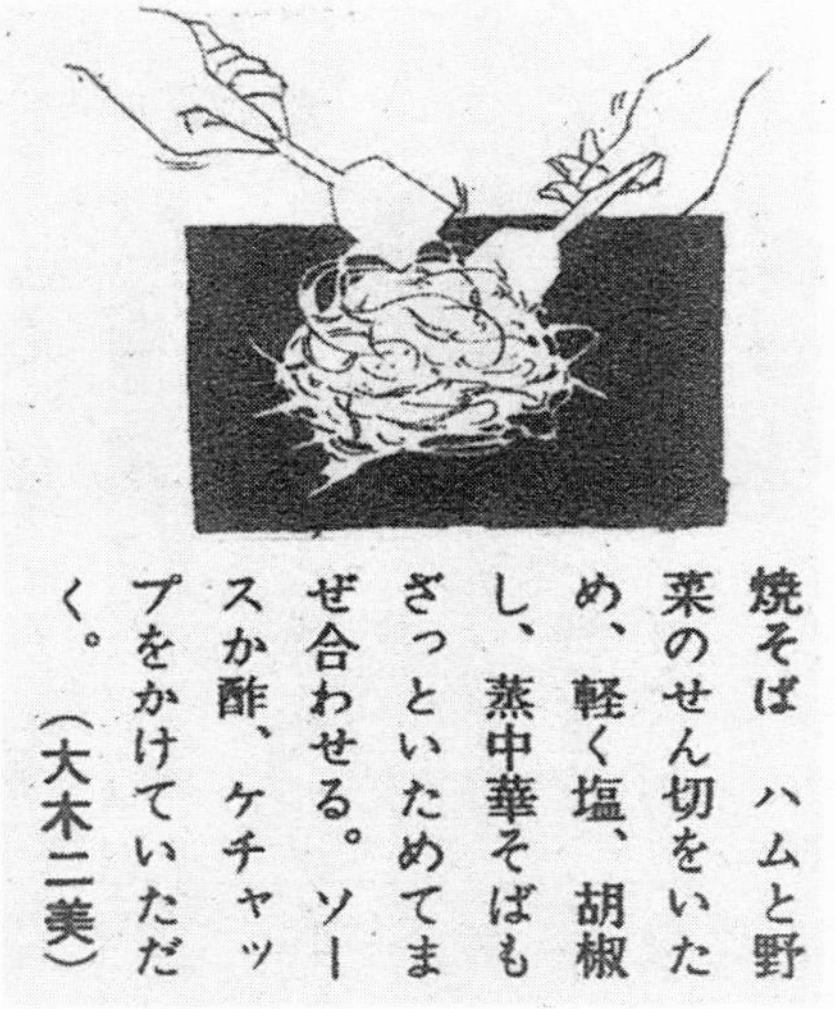

焼そば　ハムと野菜のせん切をいため、軽く塩、胡椒し、蒸中華そばもざっといためてまぜ合わせる。ソースか酢、ケチャップをかけていただく。（大木二美）

図6-9
（出典：「主婦の友」1960年10月号付録「秋冬 毎日の料理ブック」、主婦の友社）

らいのままごと料理であるということではないでしょうか。

このあたりに、屋台で気軽に食べるものという姿勢が垣間見えます。しかし、そんなソース焼きそばも、だんだん料理らしくグレードアップしていくのです。

ままごとから家庭料理になったソース焼きそば

料理名：中華そばのソース炒め
出典：「婦人倶楽部」一九六一年二月号付録「クッキング・ブック」、講談社

図6-10
（出典：「婦人倶楽部」1961年2月号付録「クッキング・ブック」、講談社）

「婦人倶楽部」一九六一年二月号付録「クッキング・ブック」に出ていた「中華そばのソース炒め」という料理です。

◆作り方◆

・中華そばの麺は茹でてから油で炒める、とあるので、やわらかい炒め焼きそばということです。
・つぶしたニンニク、ニンジン、キャベツ、千切り豚肉なども油で炒める。

・これらを合わせて塩、砂糖、醤油、ウスターソース、コショウで味付けをする（味付けの醤油とソースの分量は同量）。

◆検証◆

焼いて楽しんで食べるというのが目的だったのから、やや進化したソース焼きそばです。

まず、麺は茹でてから油で炒めるとありましたから、中華料理店で作られている麺を油で揚げたり、多めの油でカリカリに揚げ焼きにした本格的な焼きそばとは違っています。いわゆる屋台のソース焼きそば同様の炒め方です。

そして屋台のソース焼きそばでは使っていなかった、ニンニクやニンジン、キャベツ、豚肉なども入れていますから、こういうところは中華料理店の焼きそばの作り方を取り入れているといえます。しかし中華料理屋で焼きそば、炒めそばと呼ばれていたものは、だいたい塩味のとろみ餡で味付けされていましたから、このようなとろみなし、醤油とソース同量の味付け焼きそばは、珍しい新タイプの焼きそばだったといえるでしょう。

屋台で買って立ち食いしたり、ままごと的に焼くことを楽しんで作って食べていたソース焼きそばが、次第にグレードアップしてくるのが一九六〇年代でした。それまでの焼きそばのようにカリッとした麺ではなく、ソース味でやわらかく炒める焼きそばという新しいジャンルが確立されていきます。ソース味でやわらかく炒める麺料理は、焼きそばだけではなく、ビーフンにも広がっていきました。

ソース味の焼きビーフン登場

料理名：五目焼きビーフン

出典：「主婦の友」別冊「夏の料理」、主婦の友社、一九六四年

◆作り方◆

・ビーフンを熱湯に入れて戻し、ザルに取る。
・多めの油を熱した鍋に細切れ豚肉、ネギ、椎茸を炒めてソース＋醤油で味付けをする。
・千切りのニンジン、キャベツ、ピーマンを加えて水を差し、煮立ったらビーフンを入れる。
・汁が引いたら火を弱め、二、三分蒸らす。

◆検証◆

かつての焼きビーフンは塩味がほとんどでしたが、ここではソースと醤油のブレンド味になっていました。

中華料理だったら塩＋酢で味付けするところを、醤油＋ウスターソースに代えるとどうなるか？　本式の塩＋酢にすると、ヒトによってはその酸味がきつすぎる場合もありますが、やってみるとウスターソースの甘味がある酸味がよく合って食べやすかったです。

このソフトな酸味が、戦後の日本人には受けたのではないでしょうか。

図6-11
（出典：「主婦の友」別冊「夏の料理」、主婦の友社、1964年）

プロの味・グランドタムラのイタリア風焼きそば

料理名：イタリアンそば

出典：「主婦の友」一九五五年十二月号付録「冬の家庭料理」、主婦の友社

「イタリアンそば」というこの料理、レシピの文責は「グランドタムラ」になっていましたが、なにせ一九五五年の本ですから、グランドタムラという店がどのような店だったのかわかりません。しかし、「主婦の友」の付録料理本でレシピを書くくらいですから、かなりの有名店だったと思われます。

そのレシピの冒頭に、「中華そばを使って、イタリア風のめん料理に工夫した、香ばしい香りがとても食欲をそそる、変わりおそば」とありました。

使っている麺は中華蒸しそば麺、しかし調理法は「イタリア風」――ということですから、一応焼きそばの分類に入れました。

◆作り方◆

・みじん切りの玉ネギとハム、ひき肉を油で炒める。

・そこにスープか水、トマトピューレ、ウスターソース、塩、コショウを入れて煮詰め、最後に味の素を加える。

・中華蒸しそばの麺を多めのラードで炒めて皿に盛り、先のソースをかける。

図6-12
(出典:「主婦の友」1955年12月号付録「冬の家庭料理」、主婦の友社)

◆検証◆

このようなレシピですから、確かに料理の形態としてはミートソースをかけたパスタみたいなイタリア風でしょうが、味のほうはソース焼きそばに近いものでした。

しかし、ウスターソースにトマトピューレを加えたことによって、屋台のソース焼きそばとは一線を画した味でした。また、屋台のソース焼きそばが中華麺にソースをからめて炒めているのと違い、ラードで炒めただけの中華麺にソースをかけるという調理をしていますので、見た目はイタリアンだった。このあたりがレシピ冒頭の「変りおそば」だったのでしょう。

「グランドタムラ」、きっと名があるイタリア料理店なのでしょう。単なるソース焼きそばではないぞというプライドが垣間見られます。

3　基本的ソース焼きそばの確立

料理名：ソース焼きそば
出典：田村魚菜『たのしいアフタヌーンショー　一〇〇〇万人の田村魚菜料理教室テキスト集』魚菜学園出版局、一九六七年

おやつがわりに屋台などで食べる存在だったソース焼きそばが、ちゃんとした献立になる過程には、マスコミで活躍する有名料理人たちの影響も見逃せません。

第2章のカレーうどんでも田村魚菜さんのレシピを紹介しましたが、『アフタヌーンショー』のコーナー「田村魚菜料理教室」のテキストから焼きそばのレシピを見つけました。

使っている具材は、豚肉、ニンジン、干し椎茸、キャベツ、もやし、長ネギ、ピーマン、サクラエビ、生姜と、バラエティーに富んでいます。炒め油が一人前あたり大さじ二杯＝四十五ccですから、かなりこってりしています。

調味料のほうは――。
・酒＝小さじ二杯（五cc）
・醤油＝小さじ一杯（二・五cc）
・砂糖＝小さじ一杯（二・五cc）
・塩＝少々

図6-13
（出典：田村魚菜『たのしいアフタヌーンショー 一〇〇〇万人の田村魚菜料理教室テキスト集』魚菜学園出版局、1967年）

・ウスターソース＝大さじ一杯（十五cc）

このようになっていますから、基本の味はソース味でした。

また、魚菜学園の月刊誌「魚菜」（魚菜学園出版局）では、屋台風焼きそばの作り方を写真入りで紹介していました。

料理名：屋台ふう焼きそば
出典：「魚菜」一九七〇年四月号、魚菜学園出版局

屋台ふう焼きそば

四人分の材料を用意します キャベツ四〇〇g 桜えび二〇g にんじん四〇g ピーマン一個。野菜はみじん切りにします。ほかに紅しょうが 薄焼き卵 青のり そば四玉です。

中華なべにサラダ油大さじ三杯を入れ 蒸したそばを炒めます。なべはよく熱して油をなじませてから炒めると焦げつきません。はしを使うと炒めやすいでしょう。皿に取っておきます。

サラダ油大さじ二杯で野菜や桜えびを 強火でさっと炒めます。そこへ炒めたそばを加えて ウスターソース大さじ四杯 しょうゆ大さじ一杯 酒大さじ一杯 化学調味料で調味します。

紅しょうがと薄焼き卵 青のりをふりかけて ハーイ 四丁上がり

図6-14
（出典：「魚菜」1970年4月号、魚菜学園出版局）

「魚菜」には、「屋台ふう焼きそば」という名前で手順写真入りのレシピが載っていたのです。これは料理学園に通う生徒たちが、ソース焼きそばに関心があったと考えるのが妥当ではないでしょうか。

テレビなどのマスコミで活躍する人気料理家が、ソース焼きそばを取り上げたことの波及効果は大きかったのでしょう。一九七〇年以降の料理本では、ソース焼きそばもレギュラーの座を仕留めていきました。

料理名：焼きそば
出典：「主婦の友」一九六九年十二月号付録「野菜料理・スナック一五〇種」、主婦の友社

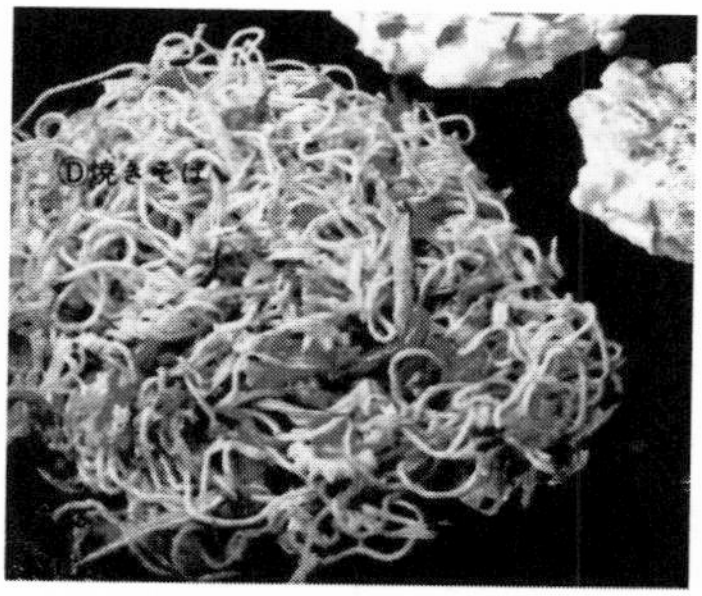

図6-15
（出典：「主婦の友」1969年12月号付録「野菜料理・スナック一五〇種」、主婦の友社）

材料：キャベツ、サヤエンドウ、ネギ、ナルト、豚ひき肉
味付け：塩、コショウ、醤油、ウスターソース

料理名：焼きそば
出典：主婦と生活社編『スナック』（「カラークッキング」第十三巻）、主婦と生活社、一九七一年

図6-16
（出典：主婦と生活社編『スナック』〔「カラークッキング」第13巻〕、主婦と生活社、1971年）

材料：ピーマン、豚肉、もやし
味付け：塩、ウスターソース、辣油

料理名：ソース焼きそば
出典：「婦人倶楽部」一九七二年五月号付録「夕食献立と基礎料理」、講談社

図6-17
（出典：「婦人倶楽部」1972年5月号付録「夕食献立と基礎料理」、講談社）

材料：豚薄切り肉、ニンジン、キャベツ、ピーマン、生椎茸、タケノコ
味付け：酒、市販ソース（たぶんウスターソース）、砂糖、ごま油

この料理本では、ソース焼きそばと同じページに、正統派の餡かけ五目焼きそばも掲載されていましたから、同格とみなされたのでしょう。

料理名：ソース焼き糸こんにゃく
出典：「奥様手帖」一九七二年四月号、味の素サービス

図6-18
（出典：「奥様手帖」1972年4月号、味の素サービス）

材料：糸こんにゃく、キャベツ、玉ネギ、牛肉、もやし
味付け：トンカツソース、醤油、酒、味の素、サラダ油

人気俳優だった高島忠夫・寿美花代夫妻が出ていたテレビの料理番組『ごちそうさま』（日本テレビ系、一九七一―九八年）用のテキストに出ていた料理です。

寿美花代さんによると、子供（高嶋政宏・政伸兄弟）が、「プリプリしたおそばだ」と言ったのがきっかけになったそうですが、太らない美容食として食べているとか。

4 軽食（スナック）として定着したソース焼きそば

料理名：ソース焼きそば
出典：「婦人倶楽部」一九七八年四月号付録「お子さまスナック34種」、講談社

図6-19
（出典：「婦人倶楽部」1978年4月号付録「お子さまスナック34種」、講談社）

材料：ウインナーソーセージ、キャベツ、ニンジン、ピーマン
味付け：塩、醤油、酒、トンカツソース、ウスターソース

文字どおり、お子様用のスナック＝おやつ的な焼きそばです。ちょっと甘いトンカツソースが、小さな子供に受けがよかったのでしょう。この次に登場する焼きそば弁当同様、ソース味の焼きそばは、子供が好きな料理に挙げられるようになってきました。

料理名：焼きそば弁当
出典：「主婦の友」一九七九年四月号付録「家中みんなのお弁当百科」、主婦の友社

図6-20
（出典：「主婦の友」1979年4月号付録「家中みんなのお弁当百科」、主婦の友社）

材料：ニンジン、生椎茸、キャベツ、薄切り豚肉
味付け：ウスターソース、塩

料理名：ソース焼きそば
出典：講談社編『HEALTHY UP かんたん！おかず475選』講談社、一九八五年

図6-21
（出典：講談社編『HEALTHY UP かんたん！おかず475選』講談社、1985年）

材料：焼豚、キャベツ、長ネギ、ピーマン、サクラエビ
味付け：ウスターソース

「かんたん！おかず」というタイトルの本ですから、紹介している料理は一応ご飯のおかずのはずです。ソース焼きそばがご飯のおかずの一つに挙げられていました。ソース焼きそばパン同様、ソース焼きそばは主食でありながらおかずでもあったんだ。

5 ソース焼きそば考

「焼きそば」という料理名は、明治時代の中華料理関係の本でもみることができ、それが中国から入ってきた麺料理であることは間違いありません。

日本では「焼きそば」とひとくくりにしていますが、堅い麺＝揚げ焼きそばと、やわらかい麺＝炒めそばとに分かれていることはご存じのとおりです。基本的に、蒸した中華麺を油脂で揚げるか、多めの油脂で炒めるかします。その上に炒めた肉や野菜の入ったとろみ餡をかける――というものです。

日本に入ってきてからもこの作り方は変わることなく受け継がれますが、使う食材が徐々に日本化していきました。味付けも最初のころは塩味、鳥獣系スープ味が中心ですが、このスープが鳥獣系だけでなく、日本風の煮干しの出汁などにもなります。

このように本場中国の焼きそばを日本化していったものは、今日でも中華専門店でみることができます。しかしソース焼きそばというものは、出発点が中華のものまねではなく、ウスターソースだったと考えられます。

ウスターソースの味＝洋食の味という思い込みが強かった日本人は、水で溶いた小麦粉を鉄板で焼いたボッタやお好み焼きにウスターソースを塗って食べることを始めた。これが屋台で立ち食いするジャンクフードとしてヒットしたので、炒めた中華麺にもウスターソースを使い始めたのがソース焼きそばだったと考えられます。

ソース焼きそば誕生

戦前の縁日や盛り場（浅草など）には鉄板焼き屋台が出ていて、そこでは水で溶いた小麦粉を焼いてソースを塗ったボッタ焼き（地方で呼び名が違う）が食べられていました。ちょっと気取って「一銭洋食」と呼ばれることもあり、贅沢なところでは、ボッタに薄切り牛肉を載せて焼いた「牛天」と呼ばれるものもありました。食パンに水溶き小麦粉の衣をつけて焼き、ソースを塗った「パンカツ」などもありましたが、いずれも食卓で食べるものではなく、鉄板焼き屋台で立ち食いするジャンクフードでした。

これらに共通していたのは「水で練った小麦粉を鉄板で焼いて、ウスターソース味で食べる」ということです。

それを屋台ではなくお店で食べられるようにしたのが、浅草・染太郎などのお好み焼き屋です。当時はお汁粉などを出す「甘味処」と並んで、おしゃべりしながらままごとみたいに作って（焼いて）食べることができる店として繁盛したようです。洋食に使うものだったウスターソースを、ジャンクフードの調味料として普及させたのはボッタ焼き、一銭洋食、お好み焼きだったのです。

戦後の米不足のころ、GHQ（連合国軍総司令部）から放出された小麦粉がたくさん市場に流れたため、小麦粉を使う料理のレシピが載った料理本もたくさんありました。その戦後粉食文化の流れを追うと、すいとんやうどんにとどまらず、パン、蒸しパン、マントウ、ボッタ焼き、お好み焼き、もんじゃ焼きなどが食べられましたが、そのなかでウスターソースとセットで普及したのがボッタ焼き、お好み焼き、もんじゃ焼きで、その延長線上にソース焼きそばが出てきたのではないでしょうか。

そもそも縁日や屋台でソース焼きそばが重宝されたのには、いくつかの理由があります。

・材料が中華麺とソースだけですむ（具といってもせいぜいキャベツくらい）。
・作るのに特別な技術はいらない（たこ焼きは修業が必要）。
・ソース焼きそばはコテを使って簡単に切り分けられる。

このような理由から、縁日でよく売られていたソース焼きそばが家庭の味になっていったのが、ここまで検証したとおり一九六〇年ごろ以降と考えられます。

そのソース焼きそばが家庭料理として認知され、料理本にレシピが載るようになるのは一九七〇年代から八〇年代のころだったことがわかりました。

やがてソース焼きそばが「焼きそば」の本流になっていったのは、まず、袋に入った「インスタント焼きそば」が発売され、続いて焼きそばソースが添付された「焼きそば生麺三個入りパック」が売り出され、ついにカップにお湯を注ぐだけでソース焼きそばが作れる「カップ焼きそば」が売り出されたからでしょう。

そして今日、中華料理専門店の具だくさん塩味餡かけ焼きそばや五目焼きそばが一食をすますのに十分な料理と認められているのに対して、具材が少ないソース焼きそばは軽食として認識されているようです。

コラム　焼きそばとソース焼きそばの同居本

ソース味の焼きそばが広まっていくと、料理本でもソース焼きそばを取り上げるようになります。一九六六年に出版された本では、餡かけ焼きそば、ソース焼きそば、お好み焼きの焼きそばの三種類の焼きそばが一冊のなかで紹介されていました。

図6-22
（出典：「主婦の友」1966年12月号付録「早くできる献立つき冬のおかず三〇〇種」、主婦の友社）

塩味餡かけ焼きそば

多めの油で焼いた麺にとろみが付いた餡をかけた、中華料理の系統の焼きそばです。

ほぐした中華麺を多めの油で揚げ焼きにしていますから、皿に盛ったとき、麺の底部はカリッとしています。ほとんど味が付いていない麺の上には、塩味でとろみが付いたスープで炒め煮した肉や野菜の餡がドロリとかかっています。この焼きそばは、明治時代から続く中華料理の焼きそばの流れを受け継いでいます。

図6-23
（出典：同付録）

ソース味焼きそば弁当

図6-24
（出典：同付録）

子供のお弁当用として紹介されていた焼きそばは、蒸した中華麺と野菜類を炒めてウスターソースで味付けしたものでした。

蒸した中華そばの麺と、ハム、ニンジン、ネギ、椎茸、ホウレンソウなどの千切りを炒めてソースをからませています。油で炒めてソースをからめるだけの、屋台の焼きそばとは一線を画してきました。栄養が考えられた、子供の弁当にも使えるソース焼きそばに成長したようです。

お好み焼きの焼きそば

図6-25
（出典：同付録）

料理本は同じでも、お好み焼きのときに一緒に鉄板で焼く焼きそばは、多めの油で焼き始め、塩→ウスターソース→出汁→化学調味料の順で味付けしていました。

レシピには、写真真ん中の豚肉、その上方の玉ネギ、キャベツ、もやしを多めの油で炒めてから、左側の中華麺を加えると説明してあります。

ここまで内容が充実してくると、もう娯楽的だのままごとだのと言えません。一食の献立としても遜色ないバランスになってきています。

この三種の焼きそばの特徴は――。

塩味餡かけ焼きそばは、昼食や夕食に適した主食兼副菜的な焼きそば。

ソース味焼きそば弁当は、幼稚園や保育園に通う幼児の好き嫌いをうかがうようなスタンスで作る焼きそば。

お好み焼きの焼きそばは、食事というよりは団欒。娯楽性がある会食としての焼きそば。

このころのソース焼きそばはまだ縁日の屋台で食べるような娯楽性や、おやつ的な要素もあったでしょうが、同時に「今日のお昼はソース焼きそばを作ろーか」というくらいに、家庭料理のレギュラーメニューとして認識されるようになってきたのでしょう。

あとがき

麺料理の進化と味の素との関係

近代日本の麺料理レシピをとことん鑑識してみて、味の素の存在意義を痛感しました。小麦粉などの粉と水を練って作る麺類そのものは淡泊な味しかしませんから、おいしく食べるためには汁やタレ（またはソース）などの味付けが必要です。それらの味はしょっぱさ、甘さ、コク、うまみなどで作られています。しょっぱさには塩や味噌、醤油など、甘さには砂糖やみりん、コクには油脂類を使いますが、うまみを出すのが難しかった。高級和食では鰹の枯れ節や利尻昆布、どんこ椎茸などが、西洋食や中華食では牛や豚の骨、干したアワビやエビなどがうまみ材（出汁の素）として使われていました。これらの出汁材は時間をかけてじっくり煮出すことで濃厚なうまみが抽出できますが、そんなことが可能なのは一流の料理人を抱えた一流のお店だけでした。つまり、ほっぺが落ちるようなうまみが効いたおいしい麺類を食べたきゃ一流店に行くしかなかったのです。そこに登場したのが味の素だった。味の素の存在なくして今日のバラエティーに富んだ麺料理は出現できなかったでしょう。

この本で紹介した麺料理のレシピをいま一度見直してください。塩や醤油などの調味料と並んで味の素という表記がどれほど多いかに気がつくことでしょう。お料理初心者でも味の素の一振りでこれらの麺料理をお店で食べるおいしさに仕上げることができた。おいしく作れたらそれを食べるヒトも喜ぶ。だからますますお料理に励む。これも近代日本食を劇的に進歩させる原動力になったのでしょう。

麺料理の近代化は支那そばから始まった

明治になって海外から入ってきた新しい麺料理を作るにあたって、その調理法と見た目だけは模倣できたものの、日本になかったパスタ類の麺や中華麺はうどんの麺で代用したのが近代ニッポン麺料理の幕開けでした。ラードやバターを用い、鶏がらや豚骨のスープも使って西洋や中国の麺料理をコピーしようと努力したのが明治時代でしたが、それらは専門の料理店で食べるものであって、家庭で作れるものではありませんでした。

今日世界中に広まっているラーメンは、日本と中国の麺料理を融合させて日本で完成されたものといえるでしょう。近代日本の麺料理は明治以前の日本麺料理と欧州のパスタ文化、中国の麺文化が融合してできあがったものですが、中国からの影響が断然強いといえます。

日清・日露戦争後、国内にも中華料理店が増えましたが、洋食と同様、中華料理も高級で庶民が気軽に行くようなものではなかったのです。そのような中華料理を、「家庭でも作れます」と紹介しはじめたのが、昭和に入ってからの婦人雑誌付録料理本でした。

それらの料理本にはバラエティーに富んだ中国式の麺料理がたくさん載っていたものの、日本人のために日本人が書いた料理本なので、本場の中華麺料理のコピーではなく、日本で手に入る食材を使った「和風支那そば」レシピだったのです。それが顕著に表れている料理本が一九三六年(昭和十一年)に発行された月刊誌「料理の友」十一月号(料理の友社)の付録「家庭で出来る日支洋麺類料理百種」でした。

月刊誌「料理の友」は一九一三年(大正二年)に創刊されました。読者層は都会に住むいわゆる「上流」のご婦人方が多かったようです。和食をメインとしていた当時の料理本のなかで、中華や洋食を「マネ」るのではなく、和食に取り入れるスタンスがみられる雑誌でした。

雑誌創刊から二十三年たった一九三六年、同年十一月号の付録「日支洋麺類料理百種」のなかで紹介されていた麺料理は全部で九十五種類でした。その九十五種を分類しますと、

・日本麺――二十六種
・西洋麺――八種
・支那麺――十九種
・ワンタン――十七種
・焼きそば、揚げワンタン――十四種

・冷たい麺――十一種

このような割合になっていました。このうち、ワンタン、焼きそば、揚げワンタン、冷たい麺はすべて中華料理でしたから、「支那麺」と合わせると、この本で紹介されている九十五種のレシピのうち六十一種が中華麺料理だったということになります。

図7-1
（出典：「料理の友」1936年11月号付録「家庭で出来る日支洋麺類料理百種」、料理の友社）

図7-2
（出典：「料理の友」1936年10月号付録「即席支那料理壱百種」、料理の友社）

この料理本の表紙の画像を見てみましょう。いちばん手前にあるのが「中華冷麺」、真ん中は洋食（イタリア）のパスタ料理である「タンバール」、そしていちばん上が日本の「月見うどん」ですから、確かに日支洋（和洋中）ですが、本文で取り上げた麺料理の半数以上が中華麺だったのです。このことは、同じ「料理の友」の前月号＝十月号の表紙を見ると合点がいきます。

表紙には「別冊付録 即席支那料理壱百種」と書いてあります。これを見て言えることは、当時「料理を教わりたい」というご婦人方が望む料理として中華料理は人気があったということでしょう。読者が求めているものを載せれば雑誌の売り上げは伸びる。これは編集側の常識です。反対に雑誌で特集を組むということは、それだけ人々が求めていたということの証しととらえられます。

この「料理の友」の特集から、一九三六年当時は中華料理や中華麺料理への関心が高かったことが推測できます。

現在われわれが日本で食べている麺類は、和風、洋風、中華風いずれもこの時期の中華風麺料理の影響を受けて進化してきたものといえるのです。

麺料理の劇的進化と幻の麺料理

大正から昭和初期にかけて、近代麺料理が劇的に進化する三つのターニングポイントがありました。

1、婦人向けの家庭雑誌で「家庭料理」というジャンルが脚光を浴び始め、料理本を付録にするようになったことで、新しい麺料理の情報が広まった。

2、関東大震災後、都市ガスが急速に普及したことで調理の熱源が炭からガスに変わり、火をおこす手間がなくなった。ガスコンロは火力の調節が簡単なので家庭料理が非常に楽になった。

3、味の素が発売され、うまみ＝出汁を取るための技術・修業なしでおいしい料理が作れるようになった（鰹節削り、一番出汁などの技術がいらなくなった）。

この三点が日本の家庭料理を激変させたと考えられるのです。

雑誌付録料理本をテキストにして、マッチ一本で火がつき、火力調節もつまみ一つでできるガスコンロを使い、味の素の一振りで出汁味＝うまみたっぷりの料理が作れる……という三種の神器（？）が、近代麺料理の進化に貢献したのです。

幻の麺料理と伝統の食文化

現在ではみられない料理を古い文献から探し出し、「幻の料理」として再現する料理本やテレビ番組などは、エンターテインメントとして人々の興味を引くものでしょう。しかし、ある料理が幻の料理になるには（滅びてしまうには）それなりの理由があったのです。

考えられるのは次の四つではないでしょうか。

・おいしくなかったから。

・何かの事情でそのような料理をするしか選択肢がなかったから食べていただけで、状況が変わればそれを料理して食べる必然性がなくなるから。

・その料理に使った食材が、気候や流通の変化によって入手できなくなったから。

・その料理の調理法が難しすぎて作れる人がいなくなった（調理技術が伝承されなかった）から。

麺料理にかぎらず、料理が「幻の料理」になるときには、これらの理由があったと考えられます。研究対象として知りたいとか、怖いもの見たさ（食べたさ）とかであれば、幻の料理の再現にも意味がありますが、わざわざ高いお金を払ってまで食べるほどのものとは思えません。

幻の料理を伝統の料理と勘違いしてはいけません。近代日本の麺料理をさかのぼって検証してみましたが、「昔ながらの伝統」らしきものは見えてきませんでした。「昔ながら」だった麺料理に新しい調理法や新しい食材を取り入れ、ときには失敗を繰り返しながらマイナーチェンジを繰り返す。このようなトライ＆エラー、工夫↓実験↓検証を実践することが、実は日本の伝統の食文化だったのではないでしょうか。

検索ばかりで検証しない受け売り食文化論

本書で取り上げたレシピの大半は婦人・主婦向け雑誌の付録料理本から探し出したものです。

今日とほぼ同じような麺料理もあれば全く知らなかった麺料理もありました。資料として取り上げるにあたって、この当時の料理本がどのような基準で掲載する料理を選別したのかを考えてみました。

1、料理本にレシピと料理の写真かイラストが掲載されていたということは、最低でも一度は誰かが作って食べたもの。
2、銀座などの有名店で評判になっていたというような、明らかにその時代に注目されていた麺料理。
3、当事は評判にはなってはいなくても、編集者が食べてみて「これはぜひ読者に知らせたい」という思いで掲載した麺料理。
4、ページを埋めなきゃならないので編集者が無理やりにこしらえた、いわゆる「奇をてらった」麺料理。

だいたいこのような基準で掲載する麺料理を選別したと思われます。だとすると、これらの料理本に載っているから、その時代の人々がよく食べていた……と言い切ることはできないし、そんな麺料理は知らないって人もいたはずです。

食文化を語るときにやってはいけないと思っていることがあります。それは、

「一九〇〇年の△△社の料理本に載っていたということはその時代の人々がよく食べていた料理だ」

というような表現をしてはイケナイ——ということです。

ある本に載っていたという事実があったからといって、その時代の人々がそれを食べていたことの証拠にはならないのです。だから本書では、この時代のなんという料理本にこのような麺料理が紹介されていた、と表記するにとどめています。

幕末に鎖国政策が解かれ、明治になると外国の食文化も次々に取り入れられるようになった——という表現はよく目にしますが、外国の食べ物に興味があって（食べてみたくて）取り入れた人もいれば、「脱亜入欧」のような政治的な意図で取り入れた人もいたはずです。

そのころに書かれた仮名垣魯文の滑稽本『安愚楽鍋《あぐらなべ》』（一八七一—七二年）は、日本人の肉食の始まりを描写したものとしてよく引き合いに出されますが、牛鍋を食べる人の描写や「肉を食べないヒトは遅れたヒトである」みたいなことが書いてあることを根拠にして、「明治以降日本人も肉食をするようになりました」と言っちゃイカンでしょ。

明治初年（一八六八年）ごろに牛鍋という料理がはやったという事実はある。しかしその牛鍋を食べていたのは全日本人のなかでもごく一部でしかなかったことは、当時の日本で飼育され、食肉として出荷されていた牛の頭数の記録をみれば一目瞭然です。日本の人口の九〇パーセント以上が牛肉なんて食べたことがなかったのではないでしょうか。

牛肉に例を取りましたが、このことはあらゆる料理、食べ物にも共通することでしょう。著名人や食通の作家などが「昔は○○をよく食べていたもんだ」とか「昔の人はこのような調理をしていたもんだ」と随筆などに書き残していると、後世の人々はそれを読んでその時代の人はみんなそのような食べ方をしていたんだーと勝手に解釈してしまう。それだけなら個人の勘違いという問題ですみますが、その勘違いのままで「食文化論」や「食育」の教材として他人に教えてはいないでしょうか。裏付けがない受け売りでしかないものを、何も知らないヒトに教えたら真に受けてしまうでしょう。

「明治時代になってから日本人も牛肉を盛んに食べ始めていたんだー」

「冷やし中華って中国や朝鮮の冷麺をまねて大正時代から食べられていたんだー」

このような現象が、今日の「受け売り蘊蓄《うんちく》グルメ文化」を作っていると思われます。

食文化を語ろうとするなら、自分の食体験だけで語ってはイケナイ。誰かの体験や感想ばかりを取り上げてもイケナイ。現在残されている過去の事実を客観的に拾い上げて検証する必要があります。その作業は現場検証に向かう鑑識の仕事にも似ていますが、悲しいかな時間がたつと証拠となる食べ物は腐敗してなくなります。だから鑑識の仕事もその時代に書かれたレシピをできるだけたくさん集め、可能なかぎり再現して検証しなければなりません。その手間を惜しんでは客観性に欠けます。食文化の研究をするためにはまず通説の裏付けを取らなければなりません。誰かが別の誰かから聞いた「〇〇という料理は、〇〇という地方で、〇〇というヒトが、〇〇年に作ったことから始まった」というような話を書物とか電波で流布したとします。それを聞いたヒト、また聞きしたヒトがそれをどこかで誰かに話す。それが通説になり、やがて定説になっていく。裏付けがない通説が今日の食文化を語るうえでの「根拠」になってはいないだろうか？　そんな思いから、通説を疑って近代日本食を鑑識する著書を青弓社から出し続け、今回は近代日本の麺料理を取り上げました。しかしページの都合上、今日よく食べられている冷やし中華やうどん、そばなどは割愛せざるをえませんでした。

今日の麺類

日本の昭和という時代は、和洋中麺類がクロスオーバーして進化した時代でした。味の素といううま味調味料を使うことによって、プロでないヒトでもそれなりの麺料理を作れるようになり、自分好みの麺料理が生まれたのです。ただ、このうま味調味料に対して不信感が生まれたのも昭和の時代でした。ヒトは味に対してすぐに慣れてしまう生き物のようで、今日おいしいと感じても明日になると物足りなくなって、もっとおいしい味を求めるようになる。うまみ願望はだんだんエスカレートしていくようです。料理を提供する側はそんなうまみ願望に応えるべく、うま味調味料の使用量をだんだん増やしていく。一九六〇年代にチャイニーズ・レストラン・シンドロームという現象が起こりました。ある中華料理を食べたヒトがめまい、吐き気、意識障害を起こし、その原因がうま味調味料を一度にたくさん取りすぎたからではないか？と疑われたというものです。またうま味調味料はがんの原因にもなるという説もマスコミで取り上げられました。これらの因果関係ははっきりとはわかりませんが、うま味調味料に対する世間の風当たりは当然よろしくはない。そのころから「うま味調味料は体によくないが天然調味料ならば体にいい」という意識が消費者に生まれ、マスコミも飲食店も天然のうまみ・天然の出汁になびいていきました。その天然のうまみも、かつては鰹節、昆布、椎茸などの食材から時間と手間と職人の技術を駆使しなければ取れないものでしたが、分析化学やうまみ成分の抽出技術などの進化で工業的な生産がしやすくなりました。今日ではうまみ成分のアミノ酸（グルタミン酸、グアニル酸、イノシン酸、コハク酸など）を様々な食材から抽出でき、それらを使った麺類のスープが商品として買える時代になったのです。

一方、麺料理に用いる麺の生産は明治、大正から現在に至るまでほとんどプロに委ねられてきて、今後もそのままだろうと思われます。昭和初期の料理本には中華麺の打ち方も図解入りで載っていましたが、あまりにも専門的だったせいか、昭和中期以降は趣味的な「手打ち麺の製法」だけが残されたようです。家庭料理本に載っている麺の打ち方は、戦中・戦後の食糧不足対策としてのものだけになってしまいました。具体的には小麦粉を使ったうどんの打ち方、ジャガイモやジャガイモの皮を使った麺の作り方などがありましたが、それらは一過性のもので、食料供給が安定してくると工業的に作られた麺を購入するようになっていきます。

現代の麺料理は、麺もスープ（出汁）も多種多様なものが選べます。その気になればどんなうまみ（アミノ酸類）と調味料と香辛料を使ってスープを作るか？、どんな粉を使ってどんな打ち方をした麺を使うか？という選択肢は無限に広がっていますから、これまでになかったような麺料理が次々に登場する時代になっていくでしょう。

世界の目がウクライナに向けられ始めたころ、自分の畑で栽培したビーツを使ってパスタを作ってみたらこれがなんともうまかった。しかしそれ以上に驚いたのはそのパスタの色でした。ビーツを使うとどんな料理もビーツの赤い色に仕上がるのですが、炒めたビーツに牛乳やチーズなどの乳製品を加えたソースでパスタを和えると、見たこともないようなピンク色＝ショッキングピンクに染まるのでした。トマトケチャップを使ったナポリタンの色とは全く違ったピンクで、これまでに経験したことのないような、言い換えると「インスタ映えする」パスタができました。これをウクライナ・ビーツパスタ

2022と名付けていろいろな人たちにふるまい、ウクライナに思いを馳せる。これも自分にとっての食文化だと思っているのです。

二〇二三年二月二十六日
長野の畑で作ったビーツを茹でながら……

［著者略歴］
魚柄仁之助（うおつか じんのすけ）
1956年、福岡県生まれ
食文化研究家
著書に『国民食の履歴書――カレー、マヨネーズ、ソース、餃子、肉じゃが』『刺し身とジンギスカン――捏造と熱望の日本食』『台所に敗戦はなかった――戦前・戦後をつなぐ日本食』『昭和珍道具図鑑――便利生活への欲望』（いずれも青弓社）、『食育のウソとホント――捏造される「和食の伝統」』『食のリテラシー』（ともにこぶし書房）、『食べかた上手だった日本人――よみがえる昭和モダン時代の知恵』『食べ物の声を聴け！』（ともに岩波書店）、『冷蔵庫で食品を腐らす日本人――日本の食文化激変の50年史』（朝日新聞社）など

幻《まぼろし》の麺料理《めんりょうり》　再現100品

発行――――2023年3月27日　第1刷
定価――――2000円＋税
著者――――魚柄仁之助
発行者―――矢野未知生
発行所―――株式会社青弓社
〒162-0801 東京都新宿区山吹町337
電話 03-3268-0381（代）
http://www.seikyusha.co.jp
印刷所―――三松堂
製本所―――三松堂

ISBN978-4-7872-2098-1　C0021